本书为2015年度河南省社会科学普及规划项目“微创新的魅力”（491）和2016年度河南省教育厅人文社会科学规划项目“社会治理微创新路径研究”（2016-GH-157）的研究成果，并受华北水利水电大学教学名师培养计划经费资助。

The Charm of Micro-Innovation

Research on Micro-Innovation of Corporate and Social Governance

微创新的魅力

——企业与社会治理微创新研究

刘华涛 李玉洁 著

中国社会科学出版社

图书在版编目（CIP）数据

微创新的魅力：企业与社会治理微创新研究/刘华涛，李玉洁著．
—北京：中国社会科学出版社，2016.7
ISBN 978－7－5161－8728－9

Ⅰ.①微…　Ⅱ.①刘…②李…　Ⅲ.①企业管理—研究—中国②社会管理—研究—中国　Ⅳ.①F279.23②D63

中国版本图书馆 CIP 数据核字(2016)第 189859 号

出 版 人　赵剑英
责任编辑　车文娇
责任校对　宋会英
责任印制　王　超

出　　版　中国社会科学出版社
社　　址　北京鼓楼西大街甲 158 号
邮　　编　100720
网　　址　http://www.csspw.cn
发 行 部　010－84083685
门 市 部　010－84029450
经　　销　新华书店及其他书店

印　　刷　北京君升印刷有限公司
装　　订　廊坊市广阳区广增装订厂
版　　次　2016 年 7 月第 1 版
印　　次　2016 年 7 月第 1 次印刷

开　　本　710×1000　1/16
印　　张　14
插　　页　2
字　　数　189 千字
定　　价　55.00 元

凡购买中国社会科学出版社图书，如有质量问题请与本社营销中心联系调换
电话：010－84083683

目 录

中篇 企业微创新案例与路径

下篇 社会治理微创新

导 言

这是一个创新的时代。

现代社会的快速发展，实质上就是一个不断创新的过程。当今世界各国的创新能力是影响经济社会发展水平差异、国民生活水平高低的主要因素。“创新是推动一个国家和民族向前发展的重要力量，也是推动整个人类社会向前发展的重要力量。”① 为了充分发挥创新的重要作用，迎接全球新一轮科技革命与产业变革的重大机遇和挑战，适应经济发展新常态下的趋势变化和特点，实现“两个一百年”奋斗目标的历史任务和要求，中共中央、国务院 2015 年 3 月印发《关于深化体制机制改革加快实施创新驱动发展战略的若干意见》，国务院 2015 年 6 月出台《关于大力推进大众创业万众创新若干政策措施的意见》（国发〔2015〕32 号），创新得到了中共中央、国务院的高度重视和大力推动。

创新理论是 1912 年美国经济学家熊彼特（Schumpeter）提出的，其后技术创新、市场创新、组织创新和制度创新等概念相继出现，而“微创新”则是近些年脱颖而出的一个词。最有影响的微创新案例应该是苹果公司的发展。乔布斯（Jobs）曾经说过：“微小的创新可以改变世界”，“我们正是以自己这种微小的方式努力让世界变得更加美好”。乔布斯从大公司不愿意做的 MP3 产品开始，通过微创新，开发了将听音乐体验发挥到极致的 iPod，然后通过增加小

① 《中共中央　国务院关于深化体制机制改革加快实施创新驱动发展战略的若干意见》，2015 年 3 月 23 日，新华网（http：//news. xinhuanet. com/2015 - 03/23/c_1114735805. htm）。

屏幕使 iPod 产品变成一种新产品 iPod touch，又在 iPod touch 产品基础上增加通话功能，于是就有了受很多消费者欢迎的 iPhone 手机。从 iPod 到 iPhone，乔布斯创造的不只是一个品牌，更是一种理念、一种创新思维，乃至潮流。他通过微创新，打败了摩托罗拉和诺基亚等市场王者品牌，实现了颠覆市场的目标。这充分说明了微创新的竞争优势所在。

还有很多微创新的案例，如小米手机、豆瓣网通过微创新取得了快速发展，千千静听播放器软件因为增加了歌词功能而成功，暴风影音通过集成多种解码器可以播放各种常见格式音视频，服装网站“一哥”凡客诚品靠一个外包装盒给业界带来了震撼，等等。2012 年 7 月以来，浙江卫视的大型音乐选秀节目《中国好声音》受到了广大电视观众的喜爱。除了节目的励志性、音乐的高水平等原因，该节目在设计上给观众耳目一新的感觉，它的创新很独特，单是评委导师背对表演者这一点，因为打破了传统惯例，就取得了特别的效果；再加上导师对中意“好声音”的转身增加了悬念，更是吸引了众多的电视观众。这个创新打破了习惯思维，做起来很简单，但能想出来却并不容易。这些案例都是微创新，通过发现客户需求，改善用户体验，一些微小改变就会给用户带来全新的感觉和冲击，从而迅速占领市场。

这就是微创新的魅力。

360 董事长周鸿祎在 2010 年就提出“欢迎来到微创新时代”①，他指出互联网上的微创新有两个关键点：一是从小处着眼，贴近用户需求心理；二是快速出击，不断试错。他把这两点称为互联网上的“微创新规律”。微创新重视的就是贴近用户需求心理，强调用户至上思想，是关注细节、关注用户的微观改进，让用户更加简单、方便地使用产品。就是说，企业通过对产品进行不断细微的改变轻松占领并不断扩大消费者的心理市场份额，最终由量变引发质

① 周鸿祎：《欢迎来到微创新时代》，《中外管理》2010 年第 11 期。

变，从而使企业拥有了更大的产品市场份额，实现更多的商业机会。

德鲁·博迪（Drew Boyd）和雅各布·戈登堡（Jacob Goldenberg）多年致力于创造力研究，他们的著作《微创新——5种微小改变创造伟大产品》2014年在中国出版。[①] 他们通过分析发现，许多创新并非是天马行空、惊世骇俗的发明，而是在现有框架内进行的微小改进，结果却非同凡响、创意无限。他们分析了微创新的五个关键策略。一是减法策略，把一些原来被认为必不可少的成分减掉，从而实现产品或服务的创新。如传统耳机演变为耳塞，是因为研发者摘除了上面的耳罩。二是除法策略，是指人们在创新过程中，以一种看起来并不可行的方式把产品或服务中的某项功能去除，使该产品或服务发挥其他作用。如人们使用遥控设备享受产品的便捷性。三是乘法策略，是指人们在沿用产品的某项功能时做些微小改变。如儿童自行车之所以在常规的前后轮以外，还在后轮两侧安装辅助轮，是为了帮助初学者骑行。四是任务统筹策略，在进行产品或服务的创新时，为了达成目标，某些任务会被整合在一起。如除臭袜不仅保暖，而且除臭；一些面部乳霜不仅保湿，而且还兼具防晒功能。五是属性依存策略，许多产品或者服务都具有两种以上属性，这些属性看似毫不相关，可一旦发生关联，就会引起创新的奇迹。如汽车挡风玻璃上的雨刮器会随着雨量大小自动调节速度，车内广播会随着车速快慢自动调节音量，车前灯遇到迎面驶来的车时会自动变暗等。他们提出的微创新策略，注重通过借鉴和结合产生创新，不只是单纯发明创造的创新。这些策略为我们进行微创新提供了参考和启示，提供了可资借鉴的思路。

微创新把人们引入了一个看似微小却博大精深的世界。“微，成其大。泰山不却微尘，故能成其大。江河不择细流，故能成其

---

① ［美］德鲁·博迪、雅各布·戈登堡：《微创新——5种微小改变创造伟大产品》，钟莉婷译，中信出版社2014年版。

深。”[①] 微创新从满足人们的基本需求出发，通过寻找并满足人们的种种需求，对细节的微小改进，贴近用户需求心理，聚沙成塔，集腋成裘，从而产生积极效应，并最终形成爆发式的效果。

微创新不只是在企业界，在政府治理中也得到了重视和应用。近些年许多地方党委政府在社会治理中注重通过问题导向，自我加压，着力进行微改革和微创新，或者是通过流程优化加强便民服务，或者是通过技术手段和方法的改变推动成本降低，或者是通过社会主体的参与提高绩效等微创新措施，取得了明显的效果。如北京市一些小区推行的“垃圾智慧分类模式”，给垃圾贴上二维码标签，投进再生资源回收柜，就能获得积分；积分能兑换购物卡和手机充值卡，还能直接兑换现金。这个技术手段上的微创新，让居民乐于进行垃圾分类，为破解垃圾回收打开了一个突破口。[②] 因此，对于社会治理来说，微创新能够有效提高工作效率，改善群众体验，提升群众满意度。

本书分为上、中、下三篇共八章，分别针对企业微创新和社会治理微创新进行分析。其中，上篇是“微创新的基础知识”，分为三章，分析微创新的内涵和特征、微创新与其他创新方法的关系、微创新的基础以及微创新的分类。因为微创新始于企业界，上篇主要以企业为研究对象介绍微创新的基础知识。中篇是“企业微创新案例与路径”，分为两章，重点介绍三全食品、小米科技以及豆瓣网的微创新案例，通过案例总结企业推进微创新的路径。下篇是“社会治理微创新”，分为三章，分析社会治理微创新的内涵与分类，总结社会治理微创新的代表性案例“网格化社会治理”，并归纳推进社会治理微创新的路径。

此书的目的是推广微创新这一理念，希望读者们能从中得到一些启示。书中介绍了许多微创新的案例，也对微创新的路径做了总

---

① 胡炜：《微创新时代的生活》，《创新科技》2013 年第 9 期。

② 曹平：《社会治理“微创新”也给力》，《人民日报》2016 年 3 月 2 日第 07 版。

结分析。每个案例都有其独特的环境，都与其创新者特质有必然的联系。但我们的分析还不够深入，与实践联系还有较大差距，所以书中的案例和我们的分析只是供读者借鉴参考，我们无意暗示或说明某种微创新方法或者路径更为有效。任何一种微创新方法都需要与具体的环境、与创新者的个人特质联系起来。只有实现了有效的联系，才能获得有效的结果。希望微创新能够给我们的生活带来更多的变化，使我们的生活更加丰富精彩，越来越好。

上篇　微创新的基础知识

大家都熟知腾讯、奇虎 360 和音乐播放器千千静听，它们的成功是微创新的结果。腾讯公司从小处着眼，贴近用户需求心理而“微创新”。腾讯的游戏、团购，还有其他产品，基本都是通过微创新打动顾客，比如 QQ 文件传输速度比较快。奇虎 360 也是一个特别典型的从微创新做起来的公司。从查杀流氓软件开始，再通过免费杀毒、浏览器，给用户电脑打补丁、体检、开机加速等，奇虎 360 贴近用户需求，从用户需要出发，靠这样一个一个的微创新，最终获得了用户认可，从而发展壮大起来。当年所有播放器都没有歌词功能，千千静听做了这一件事就成功了。这样的微创新例子还有很多。本篇主要介绍微创新的基础知识，使我们对微创新有一个基本了解。

第一章　了解微创新

创新是发展的原动力，它的重要性不言而喻。微创新强调从客户体验角度出发，通过微小改变满足客户需求，与其他创新方法有一定的区别和联系。本章在介绍创新的内涵与特征基础上，重点分析微创新的内涵、特征以及与其他创新方法的关系。

第一节　创新的内涵与特征

创新是时代发展的主题，虽然大家对创新一词耳熟能详，这里还是对创新的内涵和特征做个简单介绍。

一　创新的内涵

一般认为，创新这一概念起源于美国经济学家熊彼特1912年出版的《经济发展理论》。熊彼特在该著作中提出：创新是把一种新的生产要素和生产条件的“新结合”引入生产体系。他同时指出创新包括五种情况：

（1）引入一种新产品，就是消费者还不熟悉的产品或某种产品的一种新特征；

（2）引入一种新的生产方法，就是在生产部门尚未通过检验的方法；

（3）开辟一个新的市场，就是某一制造部门以前不曾进入的市场，不管这个市场以前是否存在过；

（4）获得原材料或半成品的一种新的供应来源；

（5）新的组织形式。

熊彼特指出的这五种情况涉及技术创新、方法创新、市场开拓以及组织创新，每种情况都突出一个“新”字，就是从无到有，“新”是对“旧”的替代，是改进或创造新的事物。

后来的学者对创新内涵的理解不断深入，将其与企业家精神和国家的发展紧密联系起来。如管理学大师彼得·F. 德鲁克（Peter F. Drucker，1985）认为，创新是企业家使用的特定工具，以便把企业环境的变化转化为新机会。另一位管理学大师迈克尔·E. 波特（Michael E. Porter，1990）认为，创新并不单纯只是某一个体或者企业的行为，它是整个国家或者区域共同影响产生的。这些对创新的不同阐释充分说明，创新是一个广泛的概念，它能被赋予很多不同的意义。

创新定义的演变展示了创新方式的不断发展和内容的不断丰富，但创新的本质始终没变，就是强调新知识、新技术的开发和应用，通过不断更新产品或服务，不断改进生产和传递产品或服务的方式，在技术活动中创造出新的经济价值，获取新增的经济利润。现在对创新概念的共识是，创新是指以现有的思维模式提出有别于常规或常人思路的见解为导向，利用现有的知识和物质，在特定的环境中，本着理想化需要或为满足社会需求，改进或创造新的事物、方法、元素、路径和环境，并能获得一定有益效果的行为。① 它是以新思维、新发明和新描述为特征的一种概念化过程，有三层含义：一是更新，二是创造新的东西，三是改变。

二 创新的特征

创新的核心是“新”，它或者是产品的结构、性能和外部特征的变革，或者是造型设计、内容的表现形式和手段的新创造，或者是内容的丰富和完善。综合学者们的研究，创新的基本特征可以概

① 《创新》，百度百科（http：//baike. baidu. com/link?url = EDe3gpjMmX2F1WBlhw21J2kUBPJbnnjGlx5PO37Hy16eyBCP5sPuRZWDyAkrTZ_mpW5vwlLVPrBEys18Qj5nhQWJTb8Zr_WjLzZ5tzFncEG#reference -［2］- 5375888 - wrap）。

括为以下几个方面：

（1）新颖性。创新是对已有事物的更新、改变，是对现有的不合理事物的扬弃，确立新的事物，这是创新的本质内涵。

（2）价值性。创新具有明显、具体的价值，对社会也有明显的收益。创新通过重新组合生产要素或者组织资源，从而改变产出，提高组织价值。同时，通过主体创新因素的内外整合过程，创新价值才能得以实现。

（3）实践性。创新是一个有规律的实践过程。人的创造力是一种潜能，它要求以扎实的专业知识为基础，具备领域内或相关领域的知识，经过创新实践去培养、开发主体的创新思维，这样自身在某个领域的“先天”潜能得到开发、启动和激活。创新也是突破性的实践活动，是继承中的升华。

（4）风险性。创新可能成功，也可能失败，这种不确定性就构成了创新的风险。因此，在创新过程中，只准成功、不许失败的要求，是不切实际的。只能通过科学的设计与严格的实施，来尽量降低创新的风险。

（5）动态性。创新是一个动态的过程。在信息技术快速发展的知识经济时代，唯一的不变就是一切都在变，而且变化得越来越快。因此，任何创新都不可能是一劳永逸的，而只有不断的变革和创新，才能适应时代的要求。

今天，创新在经济社会发展中有着举足轻重的分量，创新能力已成为国家的核心竞争力，一个国家要想走在时代前列，创新的因素至关重要。对于创新的重要性，畅销书《追求卓越》的作者托马斯·J. 彼得斯（Thomas J. Peters）说得很直接：“要么创新，要么死亡”。在市场竞争激烈、产品生命周期短、技术突飞猛进的今天，没有创新，就只能原地踏步，甚至不进则退，走向灭亡。创新是组织生存的根本，是发展的动力，是成功的保障，是实现跨越式发展的第一步。从国外的微软和苹果，到中国的海尔和小米等，这些企业的成功与发展，无不是创新的结果。所以，“创新”一词才能够跨越民族与国界，成为当今时代的最强音。

第二节　微创新的内涵与特征

微创新首先在互联网企业发酵，因为微创新强调的用户体验对互联网企业而言至关重要。众多互联网企业绞尽脑汁在考虑如何通过创新，尽可能地带给用户最佳的体验。从互联网企业开始，微创新很快引起了社会的高度关注。微创新除了具有创新的基本内涵和特征，还有其特有的内涵和特征，它以用户体验为根本出发点，以专注聚焦的精神去做产品或服务的创新。

一　微创新的内涵

微创新日益受到重视，首先是企业界创业者的实践、探索和研究。

2010 年，奇虎 360 董事长周鸿祎在中国互联网大会论坛上，结合奇虎 360 在创新领域的不断探索，提出了“微创新”这一新颖概念。周鸿祎认为，只要能打动用户心里最甜的那个点，把一个问题解决好，这种单点突破就是微创新，企业一旦做好微创新，将分享到其带来的四两拨千斤的神奇力量。①

创新工场的创始人、董事长兼 CEO 李开复认为，微创新不是颠覆式的、大规模的，而是在很多关键技术之上提供更加灵活实际的、多方面的产品开发或服务思路。②

2011 年，由商界传媒主办的“2011 中国微创新高峰论坛”在北京隆重举办。商界传媒是国内首家提出微创新并研究微创新的媒体。其围绕企业微创新，倾力打造的每年一度的中国优质企业方法论盛会，是迄今为止，国内研究最早的、最具权威性的微创新领域

① 周鸿祎：《欢迎来到微创新时代》，《中外管理》2010 年第 11 期。

② 《李开复：重视“微创新”颠覆式创新难求》，2010 年 9 月 10 日，网易财经（http：//money. 163. com/10/0910/16/6G7VN3DG00254JAQ. html）。

的专业论坛。

国内外学术界对企业微创新研究的主要观点有：

丽贝卡·鲁西、杰娜·莱卡斯、佩蒂·萨里罗马和马里·于利卡普拉（Rebekah Rousi, Jaana Leikas, Pertti Saariluoma, Mari Ylikauppila）认为，微创新是根据其他创新的先前经验进行的，目的是开发更好的产品以适应不断变化的消费人群。①

金错刀在《微革命——微小的创新颠覆世界》一书中指出，实质上的"微"不仅能带来微小的震撼、量到质的逾越，这一个又一个的微创新，还可以给我们带来一场巨大的"微革命"。他认为，微创新是一种基于应用的创新，是用户体验至上的创新。②

赵付春认为，微创新是基于主导创新平台或设计，以员工的自发创新为基础，以流程、产品和服务等局部改善为手段，强调相关方（用户或供方等）的参与和反馈而展开的渐进式创新方式。③

孙仁祥指出，微创新的实质在于对用户体验的关注和改进，通过简单改进产品打动用户的心，以聚焦精神实现产品的创新。④

孙兆刚着重对企业产品微创新进行分析，提出企业产品微创新源于"用户—生产者"的互动，是一种以结果为导向的战术，依赖于激发产业链环节的参与；产品微创新表现出审美元素渗透，人性化、生态化、多功能化的发展趋势，企业可以从精确定位用户、从产品导向升级到客户导向、再造以客户为导向的业务流程和组织结构、客户体验的虚拟或现实情景支撑、产品微创新与商业模式微创

---

① Rebekah Rousi, Jaana Leikas, Pertti Saariluoma, Mari Ylikauppila, "Life - Based Design as an Inclusive Tool for Managing Microinnovations //The Proceedings of GI - Edition Lecture Notes in Informatics", 6th Conference on Professional Knowledge Management from Knowledge to Action, Innsbruck, Austria, 2011.

② 金错刀：《微革命——微小的创新颠覆世界》，印刷工业出版社 2010 年版。

③ 赵付春：《企业微创新特性和能力提升策略研究》，《科学学研究》2012 年第 10 期。

④ 孙仁祥：《论微创新助推中小企业提升核心竞争力》，《学术交流》2013 年第 7 期。

新的协同等几个方面推动企业产品微创新。[①]

孔平生指出，所谓“微创新”，是企业自主开展、员工广泛参与、以单个或多个项目开发或企业内部“微循环”系统改善为目标的创新活动。[②]

虽然微创新迄今为止没有一个严格的定义。但大多数观点基本一致，微创新的本质是以消费者为中心，以需求为导向，就是根据消费者需求的变化，发现一些简单的现象，通过改进产品或服务打动用户的心，生产能够满足消费者需求的产品或服务。就是说，微创新是从客户体验角度出发，从微小的角落进行设计和植入，将视角集中到那些被人遗忘或忽视的领域，以专注聚焦的精神去做产品或服务的创新，从而影响和改变市场格局的创新。微创新的根本目的是通过一点一滴的渐进性的细微改进，积少成多，从而完成量变到质变。

二　微创新的特征

微创新就是在微小之处创新，贴近用户需求。结合微创新的内涵，结合周青、吴云、方刚[③]，刘路婷、赵彬旭、余智敏[④]，赵付春[⑤]等学者对微创新特征的分析，本书将微创新的特征总结为客户导向性、渐进连续性、开放协同性、草根多元性四个方面。

（一）客户导向性

微创新以消费者为导向，倡导贴近客户心理。它强调用户体验至上，以消费者为中心。企业从消费者的角度考虑问题，可以确定消费者的需求，发现消费者对现今产品或服务最不满意的地方是什

---

① 孙兆刚：《产品微创新的实施与对策研究》，《科技进步与对策》2014 年第 7 期。

② 孔平生：《正确看待企业“微创新”》，《中国电力企业管理》2014 年第 5 期。

③ 周青、吴云、方刚：《企业微创新的概念、特征与原则》，《科技和产业》2013 年第 11 期。

④ 刘路婷、赵彬旭、余智敏：《何为微创新》，《全国商情（理论研究）》2014 年第 7 期。

⑤ 赵付春：《企业微创新特性和能力提升策略研究》，《科学学研究》2012 年第 10 期。

么，找到进行微创新的突破单点。以消费者为导向，可以生产出满足消费者需求的产品或服务，打动消费者，使企业获得发展。如金错刀的“三点式”思维：寻找客户最硬的需求——痛点思维，放大隐藏的需求——卖点思维，用社交网络营销——社交爆点思维。[①]该“三点式”思维突出强调的就是微创新的客户导向性。以客户需求为导向打造的产品可以有效避免盲目开发引发的机会成本，形成营销爆点。美国麻省理工学院教授埃里克·冯·希贝尔（Eric von Hippel）对元件和仪表等制造业行业的新产品开发进行了大量数据分析，发现用户是许多或者说绝大部分工商业新产品开发的第一人，因为主要新产品的设想以及次要新产品的改进，几乎都是与用户直接联系的。他在2005年出版的专著《让创新民主化》[②]中，对“以用户为中心的创新”理论进行了全面分析，提出以制造商为中心的新产品开发的传统模式依然具有重要地位，但以领头用户为中心的新产品开发模式越来越重要。

（二）渐进连续性

消费者需求是一个连续的不断变化的过程。消费者在一种需求被满足之后，另一种需求就会随之而来。这就需要产品或服务不断地更新以满足消费者不断涌现的新需求。这就决定了进行微创新时要灵活地采用“小步快跑”的策略，不强调全面的技术变革，而寻求“单点突破”，连续进行微创新以达到更新产品或服务的目的，从而满足消费者不断变化的需求。因此，微创新是一个渐进连续式的创新过程，力图在某个方面打动用户，强调在不断试错中对产品、流程、服务和管理等进行稳步改进。放弃突破性创新及与之伴随的重大时间、资金和人力成本，在短期内迅速实现产品或商业模式的优化，从量变达到质变，积累成重大创新。

（三）开放协同性

微创新是强调相关方参与和反馈的开放协同式创新。重大的、

---

① 金错刀：《微创新的“三点式”思维》，《新闻实践》2013年第6期。

② Von Hippel, E., *Democratizing Innovation*, MIT Press, 2005.

突破性的创新刚推出时，往往只是方向性的和比较粗糙的，不可能和所有用户的需求相契合。而微创新不是单个工作人员或企业的封闭行为，而是自下而上、全员参与、产业链协同的行为。普通员工最贴近客户，由其带动的灵活的创新才能及时满足客户需求，全员参与的企业文化也是不竭的创新动力。对于生产制造企业，其微创新离不开供应商、经销商在策略上的配合，用户和生产者的互动，甚至是鼓励用户直接进行创新，以更加贴近用户需求。埃里克·冯·希贝尔的研究发现，在科学仪器、半导体行业有80%以上的创新是用户创新，认为在互联网和计算机能力高度发展的今天，创新有一种民主化的趋势。①多尔蒂（Daugherty，1990）和伦纳德·巴顿（Leonard Barton，1995）认为消费者最了解自己的需要，他们会根据自身的需求特点对产品进行设计和改进，所以消费者创新就是使用者自己参与产品开发、设计甚至研制过程，兼具“干中学”和“试错”的特点，可以降低信息成本和生产成本。2002年，卡马尼（Kamali）和洛克尔（Loker）指出，消费者创新意愿的强弱和消费者对设计的兴趣有关，消费者与生产者之间的互动促进，能提升消费者购买意愿，这是他们对72种T恤衫进行研究得出的结果。②

（四）草根多元性

与有组织的研发创新不同，微创新并不强调公司自上而下的、系统的组织和管理。相反，它是一种由下而上的、自组织多元化的创新，通过这种草根多元的探索，更多地在产品或服务的一些细节上调整，能够更有针对性地满足客户需求。这是微创新的重要特点，它是参与过程的个体根据用户客体的需要自发进行的探索式创新，是个体发起的百花齐放式的创新。特别是企业基数最大的普通员工，他们作为主要的创新实施者，可以根据实际需要，进行全方位的探索，更容易形成微创新的理念和良好的创新氛围。如同周鸿祎所说，让

---

① Von Hippel, E., *Democratizing Innovation*, MIT Press, 2005.

② 转引自涂永式、任重《消费者创新：营销理论的新发展》，《市场营销导刊》2008年第1期。

每个员工成为企业的创新源。因此，微创新与埃里克·冯·希贝尔所主张的“创新民主化”的思想是一脉相承的。

第三节　微创新和其他创新方法的关系

创新的分类方式众多，从不同的角度可以分为不同的内容，其中最主要的是以下几类：激进式创新和渐进式创新、模仿式创新和自主式创新、封闭式创新和开放式创新。赵付春①、耿东海②等学者对这些创新方式与微创新的关系做了一定的分析，我们在这些分析的基础上对微创新和以上创新方式的关系进行进一步的总结。

一　微创新与激进式创新和渐进式创新

激进式创新是一种突破式的、全面的技术变革。大的技术创新一般是激进式的创新，大家很容易联想起原子弹的问世、电子计算机的产生、人造卫星上天、宇宙飞船载人太空飞行，会联想起电灯、电话、发电机、电车、内燃机车、飞机、电影放映机的问世等。创新的目标就是瞄准这些第一个面世且改变现状的技术发明。激进式创新当然也是技术发展长期积累的结果。而渐进式创新是做一些局部的技术改进，其往往会被激进式创新带来的变化所打断，随后又发生一系列渐进式创新过程，这样循环往复，持续不断。

微创新是一种渐进式创新，是对原有产品或服务的拓展，是在主导产品的功能或服务的基础上对局部进行的改进，微创新是频繁发生的，众多的微创新过程会对主导产品产生巨大的作用，带来突破性创新。就是说，多个微创新形成组合，可能会对原有主导设计形成较大影响，推进产品创新向另一个方向前进。例如，在电信行业，在增值业务上的微创新就形成了“杀手级应用”，有可能影响

---

① 赵付春：《企业微创新特性和能力提升策略研究》，《科学学研究》2012 年第 10 期。

② 耿东海：《浅谈我国中小企业微创新能力》，《中国集体经济》2013 年第 25 期。

行业的发展方向，这在苹果公司的案例中表现得尤为明显。苹果公司的成功，并不在于它对原有技术进行了突破性创新，而是一系列微创新的结果。iPod 首先就是在设计上的微创新，跟其他 MP3 播放器相比，个性鲜明，还有东芝小硬盘；在 iPod 中加入一个小屏幕，这就有了 iPod touch 的雏形；在 iPod touch 基础上再加上一个通话模块，就有了 iPhone；iPhone 的屏幕进一步扩大，就形成了 iPad。这些产品都是渐进式创新的结果。

在样本数据中，多数企业的产品创新并非激进式的突破性创新，而是一种渐进式创新。[①]如苏宁电器在 ERP（Enterprise Resource Planning，译作“企业资源计划”）系统上延伸出苏宁易购 B2C（Business－to－Customer，中文简称“商对客”，是电子商务的一种模式），三一重工学习丰田 JIT（Just In Time，译作“准时生产”）推动“精益制造”从而实现产品变革，阿里巴巴设立反欺诈的“公平交易基金”扭转了产品诚信形象。这些渐进式创新都是微创新。

微创新与突破性创新的区别见表 1－1。[②]

表 1－1　　微创新与突破性创新的区别

比较项目＼创新类型		微创新	突破性创新
研发角度	技术轨道	延续原有：在产品外沿改进	开辟新轨道：全新产品或模式
	持续性	线性序列或非线性组合	间断性
	频率	高	低
	产品阶段	整个阶段	初期
资源投入		少	多
用户需求		追随：主流用户	引导：潜在需求
商业化风险		低	高
成效		短期树立或维持竞争优势	树立长期影响，很可能颠覆市场格局
时效		迅速	迟缓

① 孙兆刚：《产品微创新的实施与对策研究》，《科技进步与对策》2014 年第 7 期。

② 参见刘路婷、赵彬旭、余智敏《何为微创新》，《全国商情（理论研究）》2014 年第 7 期。

观点 1－1

微创新是在创新过程中积累优势[①]

做微创新，要想办法在创新过程中逐渐积累自己的优势，把微创新一步步最后变成壁垒，当你积累庞大数据的时候，数据本身就是壁垒，不会被轻易超越。例如，在应用汇上，弄一个专栏形式太容易被抄袭，但是里边的内容质量高低很重要，如果专栏里的内容让用户喜欢，这个是抄不走的。

——应用汇联合创始人、副总裁袁聪在 2012 年中国微创新高峰论坛中的发言

二 微创新与模仿式创新和自主式创新

模仿式创新是基于别人成功的创新的技术，对自己的产品或设计进行局部或近似的改进；自主式创新是指通过自己的发明创造，一般是通过提高科技原始性创新能力、集成创新能力和引进消化吸收能力，而获得自主知识产权的一种创新活动。从各国的技术发展情况看，发达国家技术成熟，而后发国家往往技术比较落后，当发达国家的成熟技术在后发国家得到传播之后，后发国家通过模仿性分解来研究开发相关产品，等技术达到一定的水平后，实现向自主式创新的转变。我国作为后发国家，同样遵循这一过程。目前虽然有不少企业也有能力从事一些高精尖技术的自主创新，但相当多的企业都是在模仿的基础上开展创新。

微创新虽然与模仿式创新类似，也是对现有产品或设计从小处入手进行局部改进或功能拓展，但微创新不同于简单的模仿式创新，因为模仿式创新可能是单纯地抄袭成功企业的技术、产品或服务，不能真正抓住用户体验的精髓。而微创新也可能是自主式创新，是一切从满足客户需求出发，以客户体验为中心，通过对产品

---

① 张鸿：《何谓真正的微创新》，《商界（评论）》2012 年第 10 期。

或服务进行渐进式细微改变的创新活动。以李开复创新工场为例，其采用了“天使投资+全方位孵化”的模式，其很多创新产品都是由公司员工的自主创新开发出来的。

案例1-1

小熊电器的微创新[①]

小熊电器是做小家电的，中国老百姓以前理解的小家电就是电饭煲、电风扇，现在用户个性化需求产生了新市场。我们首先关注不太引人注意的小众市场，再去挖掘、深化，个性化的产品经过一系列转化之后，也能够成为大众化的产品。比如，我们有一个系列产品是煮蛋器，这不是小熊原创，十多年前就有。但是，以前国外用这个产品，中国人不用。是不是中国人不需要？其实不是，只是产品跟中国的消费差异不吻合。小熊关注这个产品之后，首先做技术改进，自动恒温，安全上有保障；控制上采用手动关电功能，能让中国人吃半熟的鸡蛋，这个是国外产品没有的，是我们在借鉴过程中的独创。再比如，除了煮蛋，还可以煎蛋、蒸小馒头。产品外观上也做创新，风格可爱、轻松，使用上强调便利。经过这样的改造创新，小熊就做到了煮蛋器第一品牌。

——小熊电器总裁李一峰在2012年中国微创新高峰论坛中的发言

三　微创新与封闭式创新和开放式创新

封闭式创新是指仅仅依靠企业内部资源进行的高成本的创新活动。20世纪80年代以前，“封闭式创新”是多数企业的通用创新模式。亨利·切萨布鲁夫（Henry Chesbrough）关于封闭式创新的主要观点是“成功的创新需要强有力的控制。公司必须有自己的点子，然后进一步开发，研制新产品，推向市场，自己分销、提供服务和

---

① 张鸿：《何谓真正的微创新》，《商界（评论）》2012年第10期。

资金以及技术支持”。[①]封闭式创新所需要的知识和信息基本都来源于组织内部。在该创新模式下，组织非常重视自主研发活动的展开，往往对内部研发活动投入巨额资金，以保持较强的创新能力。同时，组织为了实现对创新成果的占有，惯常的做法是采取严格的知识产权保护，限制核心创新成果在产业间的扩散，以使组织获得超额利润。就是说，封闭式创新的实质是封闭的资金供给与有限研发力量的结合，其目的是保证技术保密、独享和垄断。因此，很多大企业的中央研究机构垄断了行业的大部分创新活动，如 IBM 公司的沃森实验室、杜邦公司的杜邦实验室、HP 公司的中央实验室、朗讯科技公司的贝尔实验室等。封闭式创新过分强化和控制自我研发功能，所以产生了一些不利的结果，如：一些因过度开发或与市场需求脱离的技术不能有效得到应用而被束之高阁；一些企业因无力承担高额研发投入而处于竞争劣势；不关注市场中质优价廉的类似创新成果而导致“闭门造车”；更重要的是，企业局限于自有的组织资源、知识和能力，难以应对快速发展变化的市场。

在这种情况下，开放式创新越来越得到企业的重视，成为重要的创新模式。对于开放式创新的内涵，亨利·切萨布鲁夫认为：“当企业着眼于发展新技术的时候，可以并应当同时利用内外部的所有有价值的创意，同时使用内外部两条市场通道。然后，企业利用这些内外部的创意创造价值，同时建立起相应的内部机制分享所创造价值的一部分。企业内部的创意也可以通过外部渠道实现市场化，摆脱企业目前业务范围的束缚，以此获得超额利润。”[②]也就是说，开放式创新的理念是，企业应将外部资源和内部资源放在同等重要的地位，均衡协调内部和外部的资源进行创新，创新的目标不仅仅是传统的产品或服务的经营，还要积极寻找外部合资、技术特许或合伙、委外研究、战略联盟等，通过各相关方深入合作形成有

---

① ［美］亨利·切萨布鲁夫：《开放式创新——进行技术创新并从中赢利的新规则》，金马译，清华大学出版社 2005 年版，第 4 页。

② 同上书，第 8 页。

效的创新模式，将创新思想变为现实产品与利润。

案例 1 –2

英特尔的开放式创新①

英特尔公司并不像我们想象的那样技术领先，它很少进行基础研究，很少拥有速度最快或价格最便宜的处理器。但是，它的处理器的销售额却能够超过其最大的竞争对手四倍，多年来一直如此。原因就在于，与任何其他处理器企业相比，英特尔得到更多企业中更多人员的技术支持。它主要通过关注企业外部的学术研究活动和对其他新建企业进行风险投资（即设立“创投基金”）来保持自己的技术地位。英特尔在许多大学成立“Lablet”研究所，以获得原创技术，并投入大量经费资助大学的学术研究，寻求“可能有用”的创意。英特尔也积极尝试合作创新，如 2006 年 11 月宣布成立“英特尔平台应用创新同盟”，与众多软硬件企业进行合作。英特尔积极鼓励员工进行创新，只有那些善于动脑筋、总结经验和具有创新精神的员工才能立足和晋升。内部技术创新活动要围绕着外部可获得性技术资源进行，而不是与之竞争或是忽略不计。英特尔努力成为一名最新技术的“快速跟随者”，只要有利于自己的产品，就采取“外部技术内部化”的“拿来主义”策略。

我国企业也在积极地应用开放式创新。如美的公司创造了“创意与创新走群众路线”的开放模式，即向消费者征询新产品创意，并请消费者参与到产品前期的研发活动中来，让研发人员准确地把握消费者的需求，以适时互动完善新产品。

开放式创新是创新的发展趋势。企业与其相关方之间形成一个开放式创新网络，企业应当顺势而为，建立适合于这一创新方式的

---

① 《开放式创新》，百度百科（http：//baike. baidu. com/link?url = cFmbBIxLq61d_XFE5ZoF1rBTeEZLzMrAsRSasRnXlvHALwL_eOoDS9cjyLRZkz2iaLDDbQPT5EsZGzW3LlbvX_）。

组织形式、资源配置和制度环境。微创新属于开放式创新，前面我们已经分析了微创新的“开放协同性”特征，它强调各种创新要素互动、整合、协同的动态过程，这要求企业与全体员工、供应商、顾客、知识工作者、竞争对手等所有的利益相关者之间建立紧密联系，以实现创新要素在不同企业、个体之间的共享，构建创新要素整合、共享和创新的网络体系。在充分分析市场、确定客户需求基础上，通过对产品进行细微的改动或微调，打动用户，占领市场。微创新这种创新开放化和民主化的特性，在基于智能手机平台的创新中体现得最为明显，苹果和安卓平台上面的各类应用程序（微创新）的数量呈现爆发式的增长。很多流行的功能都是通过不断与用户进行沟通互动而实现的。因此，微创新是一种吸引用户参与的开放式创新。

第二章　微创新的基础

微创新的形成需要一定的基础条件，需要企业家精神，需要观念的改变、用户和生产者的互动与鼓励“试错”的环境，更需要从客户体验出发，认真分析客户需求，这些可以被称为微创新的基础。

第一节　转变观念，要有企业家精神

微创新的承担者被称为微创新的主体，指的是组织中或与组织相关的进行微创新的人。对于任何一个组织，微创新主体是多样性的，包括企业家、主管或经理、企业员工等。

企业家的理念和所处位置对企业微创新有重大影响。一个有着微创新思维的企业家，在企业微创新活动中担负着协调各创新主体之间关系以及与企业联系的内外各因素之间关系的重任。企业家是企业微创新活动的倡导者和责任承担者，其对微创新的态度，所倡导的理念、营造的氛围，以及个人品质、能力等都直接或间接地对企业微创新产生影响。

主管或经理是具有实际管理经验和业务专长的管理人员，他们能够快速有效地把员工的创意与微创新方案有机地结合起来，切实解决微创新活动中的实际问题，提高微创新的成功率。

对于一个处于开创发展阶段的组织来说，微创新的主体大多是草根创新者。就是说，微创新主体是组织中基数较大的普通员工，因为微创新绝非技术上的重大突破，而多是产品或服务细节上的调整。基层员工对于市场的情况更加熟悉，他们往往更了解客户的真正需求，因此他们既是微创新的发现者，也是微创新方案的具体运作者。组织的员工进行微创新，是其利用自己所掌握的市场和客户情况，根据自身的专业技术知识不断试错，为组织提供满足客户需求的创新过程，所有微创新方案的实施都需要他们的参与。他们对微创新的态度、理解、运作技能等是组织微创新成功与否的关键。

观念反映着人们对事物的认识和分析的角度。对于微创新主体而言，形成微创新的根本基础是必须转变观念。有这么一个小案例，两家制鞋企业分别派出销售人员到一个岛屿推销产品。一家企业的销售人员到了岛上之后，立马通知总部，强调鞋制品在该岛不会有市场，因为岛上居民都不穿鞋，并表示自己也将很快返回。而另一家企业的销售人员上岛之后，也立马通知总部，要求迅速向该岛发出货物，该岛居民不穿鞋，因此有巨大的市场潜力，而且目前尚无其他制鞋企业参与竞争。这就是面对同一客观现实的不同观念。对于后一家企业，如果能够在宣传和引导该岛居民穿鞋上取得成功，自然就有了巨大的发展机会。

观念的改变是微创新主体内在的激发创新的因素。它不仅与微创新主体的价值观有关，也与企业的创新氛围有关。微创新不一定是技术上的突破，只要是能让用户在体验和使用产品时更方便、更简单、更划算，就是一种成功的微创新。在互联网经济时代，用户不再仅仅是意见反馈者，也是创意提供者。微创新的实施也并不需要高科技的知识与高水平的管理，组织的每一位员工、产品的每一位用户，都能成为微创新的发起者。这种微创新的思维观念将过去自上而下、由内到外的创新模式，转变为自下而上、由外到内的创新模式。在组织微创新的过程中，观念的改变是微创新行为发生和持续的主要原因，是微创新主体的内在动力。

案例 2 -1

观念的转变：标准式酒店到设计酒店[①]

客人全角度的体验对于酒店来说尤为重要，因此酒店行业更需要微创新。比如，提供入住的无障碍服务，实现快速入住与退房、无纸化入住的全新体验。这种体验不是革命性的，但这种人性化、贴心的微小创新往往是保持行业活力与生机的生存法则。

标准型酒店很难让人“值得回忆”，因为它的服务和员工在每个细节上都是统一规范的。从标准式酒店到“设计酒店”就是观念的转变。“设计”近几年已经成为酒店转型风潮的关键。率先在欧洲兴起的设计酒店的概念，就是为了配套文化旅游，以目标群体的生活方式为设计原点，将艺术、音乐、内部设计、娱乐设施和食物的整体体验结合起来，注重迎合顾客的感官享受和体验。这种体验会创造情感价值，形成酒店独特的竞争优势。相对于标准型酒店利用统一规范定义酒店的品牌印象，设计型酒店利用产品需求面打造了自己的优势。为了达到顾客的期望值，酒店精心安排体验过程：通过灯光、装潢和表现形式来实现视觉上的刺激；通过干净清新的内部装潢和味道来实现嗅觉刺激；通过音乐、对话的声音或安静的氛围来实现听觉刺激。这三方面的刺激共同制造了“值得回忆的经历”。所有的设计型酒店都拥有自己的核心竞争力：拥有浓厚的文化底蕴和酒店本身的文化氛围。另外，对于酒店而言，一切皆是设计，无论是酒店的建筑、内装、服务人员，还是网站、推广策略，一切都需要设计。当然，投资错误的设计会遭到消费者的舍弃，投资正确的设计会赢来消费者对你的丰厚回报。

微创新的形成与企业家精神密不可分。微创新不是凭空产生的，也不是想创新就能创新出来的，它需要具有企业家精神的管理者的

---

① 罗贵希：《掘金“微创新”》，《全国商情》2013 年第 17 期。

身体力行与强力推动。尤其是对处于开创阶段的组织来说，微创新更需要企业家精神。具有企业家精神的组织决策者能有效地转换思维，并引领组织成员转换观念，形成微创新企业文化，从而确保其产品或服务的独特性和有效性。

“企业家”这个词是1800年由法国经济学家J. B. 萨伊（J. B. Say）提出的。他认为，企业家可以把经济资源从生产率和支出较低的地方转移到较高的地方，换言之，企业家运用新的形式创造最大限度的生产率和实效。在美国管理学家奥斯本看来，“萨伊所下的定义，既适用于私营部门，也同样适用于公营部门和志愿者参加的第三部门。有胆有识的督学和校长用新的方式来使用资源，创造最大限度的生产率和实效。具有革新精神的机场管理者也是这么做的。福利事业的专员们、劳工部长们、商业部的官吏们都能够把资源注入生产率和产出更高的地方”。[①] 因此，我们说的企业家并不只是经营企业的人，也包括所有不断以新的方式运用其资源来提高其效率和效能的人。那么，企业家精神指的就是组织领导者建立和经营管理组织的综合才能的表述方式，它是一种重要而特殊的无形生产要素。企业家精神包括创新、冒险、合作、宽容、诚信等内容。在这些内容中，创新是企业家精神的灵魂。特别是对于企业来说，企业家精神就是一种创新精神，它要求企业家不断地去创造出新颖而与众不同的东西，并努力去改变产品或服务的价值。

由此可见，企业家精神是组织发展不可缺少的力量源泉，它能不断地提升组织的微创新能力。具体表现在：

第一，微创新的理念和氛围是具备企业家精神的人所倡导和实施的。任何组织的发展需要有一个坚持和能发现微创新的内部环境，这种环境有利于微创新构思并将其付诸实施。具备企业家精神的人善于开发新的事业，敢于挑战现实，是组织微创新的主要贡献者。

---

① 丁煌：《西方行政学理论概要》，中国人民大学出版社2011年版，第291页。

第二，具备企业家精神的人能够正确面对风险并承担风险。微创新也是有风险的，而具备企业家精神的人愿意尝试新的事业，能够在新的环境中创造性地开展工作。因此，他们可以推动一个简单的创意有效转换成一个项目或行动。

第三，具有企业家精神的人，具备顽强的挑战精神、高昂的进取精神和特有的人格魅力，人们会相信他们以及他们的微创新思维。正是这些具有企业家精神的人，在微创新形成和实施的初期，使得其他人信赖他，相信微创新将会带来美好的前景。

企业家精神是刺激微创新的重要基础，是促进组织特别是企业通过微创新而开辟新事业的重要力量。在微创新的形成中，发现、鼓励和强化企业家精神，不仅可以提高组织的竞争能力，更有助于寻找到区别于竞争对手的、具有竞争优势的微创新策略。

第二节　着眼需求，实现与用户互动

用户和生产者的互动是促使微创新主体产生创新意念和欲望的外界因素。这是一个用户体验为王的时代，互联网及网络社区的出现，让用户能够更充分地表达自己的需求与感受，而一线员工贴近用户，更了解客户的真正需求。由于这种多变的环境以及其参与的具体活动的不断刺激，微创新主体就促发产生了创新的欲望和要求，新产品或服务在满足客户需求的同时也为企业创造了价值，同时还为企业提供了新的市场机会和构思思路，引导企业开展新的创新活动，从而形成对客户新的刺激，产生新一轮的微创新需求。

当今社会已经进入了一个个性化消费的时代，关注人们消费心理以及消费行为的变化，切实把握人们需求层次的发展，满足顾客需求，想顾客所想，提升顾客的满意度和忠诚度，已经成为所有企业的共识。微创新之道就是从客户体验出发，通过与顾客更多、更好地交流，从消费者身上得到更多的信息[①]，通过获取客户需求，分析客户需求，从而确定客户需求。综合分析客户需求信息的流程如图 2－1 所示。

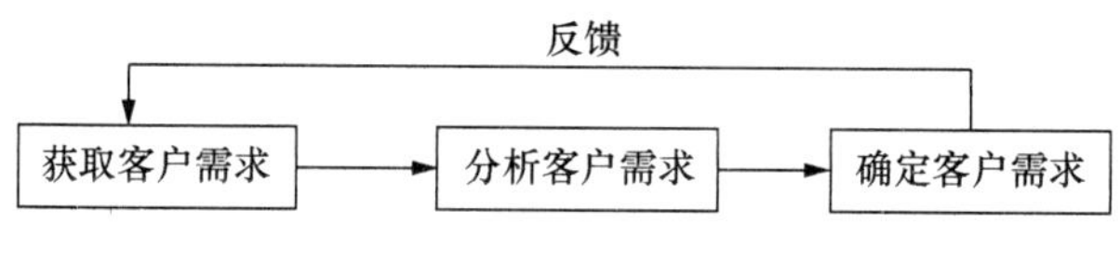

图 2－1　客户需求信息的流程

一　获取客户需求

客户需求是产品生产制造的原动力，快速准确地获取客户需求是企业微创新的关键，它是综合处理客户需求信息的首要步骤，需要耗费大量的时间和资源，也是比较困难的一个环节。因为只有准确地获取客户需求，企业才能确定创新点，产品或服务的设计才能获得消费者的喜爱，所以首先要对市场和客户需求进行分析。企业现阶段面临的是一个有着多样化、个性化需求的产品细分市场。而客户需求又具有阶段多变性、不确定性和模糊性等特征，人们期待着生产出来的产品不仅能满足“有用性”，还能带给自己一种独特的体验并能与“自我心理需求”产生共鸣。因此，要想快速准确地获取客户需求，确定关键客户需求项目，最好的方法就是让客户去体验。从客户体验不满意的地方入手而进行微创新，无疑是获取创新点的最佳途径。通过更多、更好地与客户交流，从客户身上得到更多的信息，为创新服务。

奇虎 360 在获取客户需求方面，首先就是主动出击获取客户需求。在做需求开发的过程中，公司开发人员总是把自己当作假想用户去体验他们的产品，开发人员每天都在用户论坛里观察和搜索，

---

① 马晓苗：《企业微创新的内涵、特征及其价值实现机理》，《商业研究》2015 年第 1 期。

在实践中了解，在主动中开发，这是奇虎 360 的需求分析员能够在有限的时间内获取准确而细致的用户需求的法宝。其次，需求开发者必须与客户建立长期的合作关系，共同开发。奇虎 360 有自己的客户体验中心，不仅让用户体验产品，还通过各种激励措施让客户填写用户体验报告，从中发现客户真正需要的东西，从而能够改善旧产品，满足新需求。

二　分析客户需求

分析客户需求是处理客户需求信息的关键阶段。在经济全球化和市场激烈的竞争环境下，要提高企业的竞争力，对获取的客户需求信息进行处理、分析等具有迫切性和必要性。企业如果能够及时、准确、有效地处理客户需求信息，不仅能够缩短产品的开发周期，还能节约开发成本，为客户快速提供真正满意的产品或服务，进一步提升企业的赢利能力和竞争优势。因此，企业在进行微创新时，一定要深入分析客户需求，遵循“以客户为中心”的原则，用心分析客户体验后的看法、态度和反应等，进行有针对性和实用性的调查，弄清楚用户的真实态度。对于企业来说，有效地连接用户并对其进行研究是有优势的。但一定要明白用户研究是一个连续和动态的过程，要认真分析客户需求，根据客户需求的不同层次，进行分类、分解、细化或组合，把握客户的真实意愿，建立起企业微创新的目标和方向。

三　确定客户需求

客户需求信息的确定是企业处理客户需求信息的目标。在当今激烈的市场竞争中，企业面临的最主要的挑战莫过于如何用最少的产品变化应对如此动态多变的客户需求。因此，在准确理解和分析客户需求之后，需要结合企业的实际情况，综合考虑项目的技术实现性、价值可行性及市场前景等多种因素，筛选需求。比如，奇虎 360 公司内部有专门设置的需求评估部门，根据多种因素综合考虑，进行可行性分析，筛选需求，从而做好需求确定工作。同时，奇虎 360 公司对于一经确定的清晰需求，会立即将其写成文档，并进一步落实。公司内部对需求开发人员的需求文档编写能力要求很高，经常会组织需求开发人员进行培训，在培训中提高其需求报告写作能力。

由于企业在技术、生产及资金等方面对满足客户需求的限制，在确定客户需求时要结合自己现有的主导产品，从企业现有的经济、技术实力等方面来判断客户需求信息的合理性，根据客户需求的情况，划分客户群。

在企业明确客户需求后，还要及时做好需求反馈，以期对需求变更进行有效控制。需求开发人员和用户交流时经常会出现误解，此时就要把已经确定的需求反馈给客户，让客户再次做好确认工作，如果客户认同，则可以按需求开发产品，如果客户不认同，则对需求进行及时变更。这样可以确定客户的真实需求，实现客户需求与技术需求之间的充分和准确转化。

案例 2－2

凡客诚品的用户体验①

凡客诚品（VANCL），由卓越网创始人陈年创办于 2007 年，产品涵盖男装、女装、童装、鞋、家居、配饰、化妆品七大类。创立以来，凭借极具性价比的服装服饰和完善的客户体验，凡客诚品已经成为网民购买服装服饰的主要选择对象。凡客诚品董事长兼 CEO 陈年认为，只有用户体验造就的品牌认同，才是最好的品牌实践。凡客诚品用心关注用户需求。它颠覆了传统服装网购企业不能试穿的规则，强调可以当面拆开试穿；打破有条件退换货的规则，强调 30 天内如不满意可以免费退换货；支持货到付款，屡次升级产品包装，根据顾客不同的购买量配以不同型号的外包装盒，提高了客户忠诚度和重复购买率。通过这些微创新的服务方式，不断提升客户

---

① 《凡客诚品》，360 百科（http：//baike. so. com/doc/871836 － 921732. html）。笔者进行了一些整理。

体验，极大提升了用户体验与品牌美誉度，积累了大量的忠实用户和良好的口碑效应。

观点 2－1

用户需求是产品核心，产品对需求的体现程度，就是企业被生态所需要的程度[①]

在研究用户需求上没有什么捷径可以走，不要以为自己可以想当然地猜测用户习惯。比如，有些自认为定位于低端用户的产品，想都不想就滥用卡通头像和一些花哨的页面装饰，以为这样就是满足了用户需求；自认为定位于高端用户的产品，又喜欢自命清高。其实，这些都是不尊重用户、不以用户为核心的体现。用户群有客观差异，但没有所谓高低端之分。不管什么年龄和背景，所有人都喜欢清晰、简单、自然、好用的设计和产品，这是人对美最自然的感受和追求。

现在很受好评的 QQ 邮箱，以前市场根本不认可，因为对用户来说非常笨拙难用。后来，对它进行回炉再造，从用户的使用习惯、需求去研究，究竟什么样的功能是他们最需要的。在研究过程中，腾讯形成了一个“10/100/1000 法则”：产品经理每个月必须做 10 个用户调查，关注 100 个用户博客，收集反馈 1000 个用户体验。这个方法看起来有些笨，但很管用。

观点 2－2

反映消费者需求变化的产品微创新发展趋势[②]

微创新强调实现与用户的互动，从用户需求出发而不是从制造者或者设计者的角度出发，强调持续不断地寻找用户的需求点。在

---

① 《马化腾 14 年“触网”心得：鼓励创新允许内部试错》，2012 年 7 月 10 日，新华网（http：//news. xinhuanet. com/tech/2012－07/10/c_123394704. htm）。

② 参见孙兆刚《产品微创新的实施与对策研究》，《科技进步与对策》2014 年第 7 期。

现代社会，消费者更注重人性化的产品或服务，企业的微创新必须要重视消费者心理和行为的变化，才能满足消费者的需求。产品微创新的发展趋势充分体现了适应消费者需求的变化趋势。

1. 产品微创新越来越重视审美元素

随着时代的发展，人们对审美的要求也越来越高，忽视产品的审美性也就忽视了人在使用产品过程中的精神愉悦性；以产品风格满足受众的需求，可以引发受众普遍共鸣，获得高效反馈。产品创新是探索新事物和新方法，表现新题材和新观念，也是一种求真求新，包含价值和审美的活动，会促使审美需求不断得到满足。产品创新不能只为创新而不顾价值、功利、伦理、道德等社会因素，而应超越知识与技术层面，向精神层面提升。如保罗·汉宁森（Poul Henningsen，1986）发明的PH系列灯，阿纳·雅各布森（Arne Jacobsen，1992）创造的“天鹅椅”“蛋椅”和“蚁椅”等，仅仅做了小部分改进，但因符合大众审美情趣而畅销不衰。这些产品通过调动内心情感，潜移默化地提高情感判断能力、想象创造能力、感官感受能力，通过想象、感知、情感、理性等陶冶思想情操，提高文化素质。

2. 产品微创新越来越注重人性化

人性化强调的是产品创新要坚持以人为本，关注细节，综合产品创新的安全性与社会性，注重人文关怀和心理倾向，增加亲和力。从功能主义视角看，人性化创新以人机工程学的发展为前提和基础，在保障产品功能的前提下，按照人机工程的一般原理，改进产品的外形和内涵以符合创新理念。比尔·斯登夫（Bill Stumph，1994）开发了一种用于办公的座椅，注入人性化关照原理，以人的足、膝、腰三个部位为轴心，配合人的坐姿变换，设置手动调节装置以随时调节座椅形态，采用具有透气性和触感良好的织物绷面使人感到舒适，用高强度特制铝合金制作支架和腿，采用强化聚酯设计座椅靠背和框架，增加座面和靠背对人体的合理支撑点，不仅对人是一种关怀，而且方便组装、拆卸和维修，节省资源，实现了人性化创新与绿色创新的统一。

3. 产品微创新的多功能化发展趋势

用一种产品替代多种产品，已成为许多产品特别是消费电子产品的发展趋势。消费者对具有“系统功能”的产品越来越喜爱。数码相机从扩大像素到扩大变焦倍数，从增加防抖功能到增加更多功能。手机除了传统功能，也增加了嵌入式操作系统，逐步增加DC、DV、音乐播放、GPS定位等多种功能。组合电器、办公室系统、厨房系统、组合柜、成套餐具茶具先后上市。智能产品从通过其外形创新到开发能够与用户进行交流的功能，使得产品智能化、知识化、精神化。根据客户需求，利用产品要素的纵向变换、横向变换、多向变换、相似变换、模块化设计思想，进行产品的模块组合、功能组合、要素组合、配套组合、强制组合等，增强产品适用性，提高产品反应速度，推出通用性、标准化、系列化产品。

4. 产品微创新的生态化发展趋势

现代社会，对产品的生态化功能及产品对人体健康的安全性的考虑，可以说被放在了产品的首要位置。众多企业围绕产品生态化进行了各种角度的技术创新。从避免或减少使用有毒的化学物质、改变原料组分、选择丰富易得的材料、选择天然材料、选择能耗低的原材料、从再循环中获取所需的材料等角度，使产品对环境影响较小；从轻质材料、高强度材料、去除多余功能、缩小体积等角度，减少产品原材料的使用；从简化工艺流程、生产技术替代、降低生产能耗、减少生产物耗、采用少废无废技术等角度，对产品加工制造技术优化；从产品设计节电、省油、节水、降噪的角度，进行产品创新；从耐用性、适应性、可靠性、易保养、易维护、组建式等角度，延长产品的使用寿命；从重复利用、翻新再生、易于拆卸、清洁处理等角度，优化产品报废系统等。产品创新的理想是使人类拥有幸福的人造环境。

第三节　鼓励试错，找出最适合路径

对于微创新与试错的关系，奇虎360董事长周鸿祎的观点很明确，他认为“微创新 = 试错 + 超用户预期”。做好产品需要不断试错。微创新就是小步快跑，不怕失败，“不断试错”的过程，即在满足用户需求时，总是在不断试错的过程中进行方案修正，最终达到预期效果。“不断试错”是需要鼓励的，是需要有一个“敢于试错、乐于试错”的环境。而现实中由于一些原因，人们不敢试错或者不愿试错。如对熟悉事物的习惯性遵循使人们习惯了依赖和程序化；员工通常害怕威胁到工作或收入的改变，尤其是当工作效率与薪酬紧密相关时，员工感到的威胁更大；微创新是用不确定代替已知，对未知的恐惧可能会让人产生消极的情绪；人们总是通过自己的认知来认识这个世界，一旦形成自己的世界观，人们就会选择性地过滤他们的所见所闻，忽略挑战自己世界观的那些信息；同时，对自己专业知识和技能的威胁、对已建立的权力关系的威胁、对人际关系的威胁等都会使微创新举步维艰。

案例 2－3

飞不出瓶口的蜜蜂①

科学家做过一组实验，把六只蜜蜂和同样多只苍蝇装进一个玻璃瓶中，然后将瓶子平放，让瓶底朝着窗户，会发生什么情况？

你会看到，蜜蜂不停地想在瓶底上找到出口，一直到它们力竭倒毙或饿死；而苍蝇则会在不到两分钟之内，穿过另一端的瓶颈逃逸一空。事实上，正是由于蜜蜂对光亮的喜爱，由于它们的智力，

---

① 《飞不出瓶口的蜜蜂》，食品伙伴网（http：//job. foodmate. net/hrinfo/story/27274. html）。

才没有逃出去。

蜜蜂以为，“囚室”的出口必然在光线最明亮的地方；它们不停地重复着这种合乎逻辑的行动。对蜜蜂来说，玻璃是一种超自然的神秘之物，它们在自然界中从没遇到过这种突然不可穿透的“大气层”；而它们的智力越高，这种奇怪的障碍就越显得无法接受和不可理解。

那些苍蝇则对事物的逻辑毫不留意，全然不顾亮光的吸引，四下乱飞，结果误打误撞地碰上了好运气；这些头脑简单者总是在智者消亡的地方顺利得救。因此，苍蝇得以最终发现那个正中下怀的出口，并因此获得自由和新生。

企业应该意识到的最重要的事情，就是当每人都遵循规则时，创造力便会窒息。这里的规则也就是瓶中蜜蜂所坚守的“逻辑”，而坚守的结局是死亡。企业生存的环境可能突然从正常状态变得不可预期、不可想象、不可理解，企业中的“蜜蜂”们随时会撞上无法理喻的“玻璃之墙”。领导者的工作就是赋予这种变化以合理性，并找出带领企业走出危机的办法。

不少商业模式和科学技术的创新，就是在不断试错中突围而出的。对试错的鼓励宽容和承受能力，将成为考验一个公司甚至一个国家创新能力的重要指标。该案例告诉我们，我们需要用不同的方式思考问题，在这个充满变革的时代里，必须要鼓励试错，努力创新，才会有前途，墨守成规或只是模仿他人，到最后一定会失败。微创新不仅能降低企业创新的风险系数，而且具有以小博大的效益，是非常适合企业的创新方法。特别是微创新的成本与风险较低，企业所付出的代价较低，所以企业可以连续出招，不断试错，直至找出最适合自己的那条路子。当然，鼓励试错并不意味着鼓励组织成员马马虎虎地工作，而是希望在微创新过程中，从“错误”中吸取有用的教训，学到新的知识，从而能够获得突破，找到更合适的路径。

鼓励试错是微创新的基础，在试错过程中必须要强化数据的积累和分析。微创新是对产品功能、质量、经济和环境等单个或多个要素的优化配置，依赖于大量数据分析的精准优化与改善，依赖于各种数据积累，有了数据积累就可以进行微创新，可以完成“不断试错、不断优化”的微创新过程。宝马汽车应用射频（RFID）技术来记录所有车辆的生产、使用和报废的全过程，并将相关数据传送到企业的 ERP 数据库中，供研发人员进行分析和优化。首先，在汽车的生产过程中，每一个零部件都会被贴上一个 RFID 标签，这个标签会跟踪整个生产过程，并将记录的数据传输到数据库中；其次，在整车下线以后，每个 RFID 标签还会记录这辆车在行驶过程中的所有数据，汽车在维修保养时记录的数据就会通过维修点的系统传输到宝马公司的数据库；汽车报废以后，这辆车上 RFID 标签记录的完整数据将再次被传输到宝马公司的数据库。宝马公司的研发人员正是借助这个庞大的数据库，对产品进行持续性的改进与创新。①

包括微创新在内，任何的创新都是从探索开始的，从无知到有知，从少知到多知，其中必然有挫折、有困难、有风险。因此，要不断试验，总结正反两方面的经验，才能最终获得正确的结论或者找到正确的路径。如果不允许出现错误，任何的创新都是不可能的了。所以说，我们要鼓励试错。鼓励试错，还要在企业的奖酬制度中有体现。对组织的发展而言，也许重要的不是微创新的结果，而是微创新的过程，是组织成员每个人都有进行微创新的动力，并不断地付出努力。所以，奖酬制度要能够促进组织成员积极地探索和创新。奖励的对象不仅包括在微创新中取得成功的组织成员，而且也必须包括那些致力于微创新但并没有获得突出成果的努力者。

有人曾说过，在人类的创新过程中，最具杀伤力的因素不是失败，而是环境对于失败者的苛责。美国的硅谷取得传奇般成功的重

---

① 孙兆刚：《产品微创新的实施与对策研究》，《科技进步与对策》2014 年第 7 期。

要因素，是因为在硅谷创新的失败者不仅不会受到歧视，相反常常会受到善待。一个组织，特别是一个企业，想要发展，必须积极转变观念，要宽容创新失败，要鼓励创新中的试错，并将其作为组织文化的一部分。只有这样，企业才能获得由创新带来的源源不断的发展源泉和动力。

观点 2－3

容忍失败，允许适度浪费，鼓励内部竞争、内部试错，不尝试失败就没有成功[①]

马化腾："在面对创新的问题上，要允许适度的浪费。怎么理解？就是在资源许可的前提下，即使有一两个团队同时研发一款产品也是可以接受的，只要你认为这个项目是你在战略上必须做的。去年以来，很多人都看到了微信的成功，但大家不知道，其实在腾讯内部，先后有几个团队都在同时研发基于手机的通讯软件，每个团队的设计理念和实现方式都不一样，最后微信受到了更多用户的青睐。你能说这是资源的浪费吗？我认为不是，没有竞争就意味着创新的死亡。即使最后有的团队在竞争中失败，但它依然是激发成功者灵感的源泉，可以把它理解为'内部试错'。并非所有的系统冗余都是浪费，不尝试失败就没有成功，不创造各种可能性就难以获得现实性。"

这也是马化腾创新上的灰度机制：容忍失败，允许适度浪费，鼓励内部竞争、内部试错。

---

① 金错刀:《马化腾如何用"灰度"机制逼出微信》，百度百家（http：//jincuodao. baijia. baidu. com/article/72799）。

第三章　微创新的分类

微创新的分类就是根据微创新的具体内容对其进行划分。2011年召开的微创新高峰论坛，把微创新分为九种类型：技术型微创新、功能型微创新、定位型微创新、模式型微创新、包装型微创新、服务型微创新、营销型微创新、渠道型微创新和整合型微创新。[①] 我们依据这个分类及相关解释和案例，从产品和服务微创新、商业模式微创新和管理机制微创新三个角度来分析探讨。

第一节　产品和服务微创新

通常所说的产品是满足顾客需求或利益的、在市场上销售的物质实体产品，广义的产品概念包括核心产品、形式产品和附加产品。[②] 核心产品是指能给消费者带来基本功能需求的产品，如冰箱制冷功能、汽车代步功能；形式产品是通过产品的品质、特性、包装和式样等要素来体现消费者对产品的形式需求，如冰箱、汽车的品质、形状和颜色等；附加产品是指企业提供的免费送货、免费维修、产品安装调试、消费信贷以及其他的售后服务等，能使消费者

---

① 本章第一节和第二节的一些内容参考了牛禄青的《经济转型呼唤微创新》（《新经济导刊》2013 年第 7 期）和《微创新的十大类型》（商界招商网，http：//www. sj998. com/html/2011 -08 -04/292121. shtml）等文献。

② 《产品整体概念》，MBA 智库百科（http：//wiki. mbalib. com/wiki/% E4% BA% A7% E5% 93% 81% E6% 95% B4% E4% BD% 93% E6% A6% 82% E5% BF% B5）。

在购买产品时享受到与产品相关的服务。随着消费者多元化需求日趋凸显，市场竞争日益激烈，能够给消费者带来更多感官和精神体验的形式产品、附加产品和服务日益成为企业关注的重点。这些产品和服务所产生的差异性也越来越成为企业区别于其他同类商品，进而在竞争中获胜的重要手段。企业要想更好地满足消费者需求，吸引人们购买自己的产品，就要设计贴近顾客细微需求的产品，在看似细小实则庞大的需求方面进行持续的产品和服务微创新来构建差异化竞争优势。产品和服务微创新主要有技术型微创新、功能型微创新、外观型微创新、整合型微创新和服务型微创新五种类型。

一　技术型微创新

技术可以改变人们的生活，提高用户使用产品的优越感和信任感，从而提高客户的忠诚度。与十年磨一剑式的“大创新”的技术驱动力如 CDMA（Code Division Multiple Access，码分多址，它是在数字技术的分支——扩频通信技术上发展起来的一种崭新而成熟的无线通信技术）技术和蓝光技术等相比，技术型微创新强调的是创新应用，是对已有技术的微小突破，而不是耗时长久的研发。这种技术的应用创新可以让人们在使用产品时更便利，提高用户的满意度。从满足客户的某种需求或给用户带来某种能够投其所好的独特体验出发，进行周期短、应用快的技术创新、改良或运用，就是技术型微创新的核心。从 iPod 到 iPhone，主要是技术微创新。乔布斯通过发现客户需求，改善用户体验，一些微小的技术改变给用户带来了全新的感觉和冲击，实现了颠覆市场的目标。奇虎 360 也主要是在技术微创新上打动消费者内心。它的技术微创新主要体现在技术简便化、快速响应化和专一化上。实现技术简便化、更易于用户操作是它进行微创新的依据。通过技术简便而获得用户青睐的典型例子就是 360 杀毒软件的开发，实现了操作界面简洁化、一站式的简单操作。360 安全卫士中的一键体检、一键优化这些杀手级应用，抓住了用户想快的心理，通过快速响应加强了用户体验。专一化是一种态度，是一个过程。奇虎 360 从用户角度出发，坚持技术持续不断地微创新，把技术做到最好，做到最精致。它认为用户需要的技术，只要始终如一地做下去，就一定会取得成功。[①]

二 功能型微创新

现在，一代又一代产品的更迭此起彼伏，新的产品功能不断涌现；同时，一些单一功能的产品已经不能适应时代的发展了，产品的多功能化趋势已经越来越强劲。对于广大企业来说，这既是机遇也是考验。企业要在这不断变化中开发出满足用户需求的产品或服务功能，开展能制造出独特用户体验的创新活动，才能使自己的产品快速占领市场。功能型微创新可以是在自己已有产品功能种类的基础上，增加全新的附加功能，也可以是开发出一种具有全新功能的产品或服务。其目的是通过这些改变创造出独特的用户体验创新活动，使产品功能更加符合消费者的生理和心理需求，从而提高消费者的满意度，达到有效提高企业产品品质形象、促进产品销售的目的。典型的例子是海尔洗衣机的功能型微创新。海尔在日本销售过程中，通过调研发现，日本的单身用户拥有的洗衣机容量一般在4—6千克，但这样的容量往往得不到充分利用。于是，海尔以此为突破口，于2002年向日本市场投放洗涤、脱水容量为2.3千克的小型全自动洗衣机。该产品设计简洁，具备年轻人所需要的柔洗和快速洗涤功能，耗水、耗电比4—6千克的洗衣机更节省，受到日本单身用户的极大欢迎。海尔还针对日本人夜间洗衣服时洗衣机的噪声会严重影响邻居休息的问题，专门设计了低噪声（30dB）的变频直驱滚筒洗衣机，解除了用户对洗衣机噪声的担忧。[②] 还有一个例子就是SNS社区开心网。2008年，SNS（Social Networking Services，即社会性网络服务，专指旨在帮助人们建立社会性网络的互联网应用服务）社区开心网凭借抢车位、买卖奴隶的免费小游戏，在中国

① 徐德力：《基于客户体验的企业微创新机制及策略探析》，《常州工学院学报》2013年第6期。

② 苏敬勤、朱方伟、王淑娟编：《中国第三届MBA管理案例评选百优案例集锦》，科学出版社2013年版，第10页。

白领阶层中迅速流行起来。后来，开心网又推出了偷菜、钓鱼等游戏，甚至一度成为一种文化现象。这种植根于人脉的免费小游戏，就是开心网为SNS添加的新功能。依靠持续性的微创新，短短两年时间，开心网就跃升到全球Alexa（一家专门发布网站世界排名的网站）排名前100的网站，拥有数千万的注册用户、每天数亿的页面浏览量。

三　外观型微创新

在用户需求越来越个性化、多样化的年代，一个独特的外观或新颖的包装，就足以成为吸引人们眼球和区别于其他产品的标志，不仅能够给客户创造出独特的体验，还能传递出产品和品牌的独有文化与内涵，甚至是这个企业的文化理念。这就是外观型微创新的价值所在。上面我们提到的海尔策划出的针对日本单身用户的2.3千克小型全自动洗衣机，拥有日本风格的时尚外观，有三种时尚颜色可以选择，上市后销量迅速上升。日本人住房空间狭小，对洗衣机尺寸大小有特别的要求，特别希望产品外观尺寸尽量小而洗涤容量则尽量大，海尔设计的4.2千克“小小神童”洗衣机，以其独特的小巧外观尺寸成为行业同容量最小巧的洗衣机，深受日本单身用户的青睐。① 此外，我们前文提到的凡客诚品，最初用以打动顾客的正是包装盒的外观创新。为了给顾客带来良好的用户体验，“让消费者打开的时候感觉到舒服”，凡客要求在所有的服装塑料袋包装之外都要加上一个精美环保的无纺布包装袋，而配送的外包装则坚持使用硬皮的纸盒。再如，中山圣雅伦五金制造有限公司生产的“非常小器”指甲钳，主要就是通过外观型微创新不断推出情侣指甲钳、名片指甲钳、迈克尔漫画指甲钳等，受到了消费者的追捧，已发展成为目前世界最大的（名牌）指甲钳生产基地、全球最大的美甲用品生产基地，并成为中国指甲钳研发制造中心。日本和韩国

---

① 苏敬勤、朱方伟、王淑娟编：《中国第三届MBA管理案例评选百优案例集锦》，科学出版社2013年版，第10页。

的糖果、文具也是一样，往往在外形上下功夫，产品抓住了青少年为主体的消费者还不成熟的消费心理，用奇特美观的外形吸引购买，往往容易见成效。

四　整合型微创新

在高度复杂的环境下，企业拥有或者期望拥有能够满足顾客广泛需求所需的全部技能和技术是不可能的。企业必须对内部价值链上的能力要素和外部价值网络进行有效的整合，根据用户和市场的反映，从复杂的网络合作伙伴关系中找到平衡点，通过对各种微创新元素、各种产品和服务及营销上的细节进行调整和改良，进行持续和动态性的整合，使产品具有长期持续的引爆力。这就是整合型微创新。如果说单一类型的微创新就是商业竞赛中的单项创新比项，那么整合型的微创新则是十项全能。具有这一特性的产品，也许在某个单项上有所创新和突破，也许在单项上只是进行相应的调整和改良，但却能够针对需要实现用户体验，用最适合的方式将各种微创新元素进行整合，统一在产品当中，最终达到打动用户的目的。如福建泉州很有名气的黑糖话梅，这个由金冠（中国）食品有限公司推出的单品，在面市三年内，年销售额从2000万元迅速上涨到3亿元。黑糖话梅的面世，正是对“微创新”的最好诠释。在黑糖中加入话梅，将酸酸甜甜的食用体验和“健脾暖胃、祛风散寒”的养生功效完美统一，是黑糖话梅最大的“卖点”。这一卖点就是满足年轻女性对“健康、休闲、时尚”的消费需求，抓住了“零食养生”概念。最终，一个单品贡献了集团近半的营业额，市场占有率超过90%。同样，好彩头的明星产品“酸Q糖”也是抓住了消费者味觉的变化，将“传统以甜为主的QQ糖与水果的酸结合起来，让消费者品尝到糖本身的甜度，也能够有一些水果酸冲击味蕾”。这种差异化创新为其带来了新市场销售量，好彩头总裁陈忠实说，“这个单品每年以翻番的速度增长”。①

① 刘文艳：《微创新助跑行业大变革》，《泉州晚报》2014年4月17日第008版。

案例 3-1

奇虎 360 的整合型微创新[①]

靠一种持续的微创新，奇虎 360 成功引爆了亿级用户的能量。一个没有杀毒技术的外行，一个没有革命性商业模式的小产品，快速实现了跨越。

在奇虎 360 的发展历程上，有一系列微创新：专杀流氓软件、清理系统垃圾、“恶评软件”网民说了算、用打补丁代替杀木马……其中每一项，在当时都有着巨大市场需求。依靠这些引爆点，2007 年 10 月，奇虎 360 成为国内用户量最大的安全软件提供商。

2008 年 7 月，奇虎 360 推出一款杀毒软件产品，随后 360 杀毒做了几个微创新。

微创新一：木马病毒只有在运行时才会发作，360 杀毒的模式就是，你从盘上拷到一个木马，我们并不报，但是你只要运行它，我就报，使电脑运行速度提高了很多。

微创新二：360 杀毒只有三个按钮：病毒查杀、实时防护、产品升级。这款被业界认为太简单的页面，却得到了用户的追捧。

微创新三：过去，杀毒软件查杀病毒时会弹出一个窗口。但是，在一些特殊情况下，比如用户正在打游戏、做 PPT 演示，这一个小弹窗很具骚扰性。360 杀毒由此取消了弹窗。

微创新之后的 360 杀毒大获成功。

五　服务型微创新

可以说，服务已经是产品不可分割的一部分，它创造出的独特用户体验，不论是产品本身，还是其他任何形式，都无法比拟。企

---

① 《微创新的十大类型》，商界招商网（http://www.sj998.com/html/2011-08-04/292121.shtml）。笔者进行了一些整理。

业提供服务的质量与方式，将是企业进行微创新的主要内容，而用户体验是其创新成败的决定性要素。服务型微创新的本质是强调通过充满爱心、细心周到以及有特色的服务，营造出良好的用户体验。例如，招商银行之所以拥有“最具创新力”的名号，一个原因是从柜台前的一颗糖开始的服务微创新。1995 年，招商银行推出“一卡通”时，并非一个强势品牌，于是招商银行开始发挥人情攻势，第一个在银行大厅里摆上糖果，在大厅里增加了沙发座椅，甚至在一些分行里摆上咖啡和牛奶，所有这些都是用户专享。在当时用户体验不被重视的中国银行界，这种做法让人备感温暖，打动了千万顾客。

案例 3－2

海底捞的服务微创新①

海底捞从 1994 年开始艰苦创业，不断进取，团结拼搏，从一个不知名的小火锅店起步，逐步发展成为以经营川味火锅为主、融汇各地火锅特色为一体的大型跨省直营餐饮品牌火锅店。其成功的主要原因就是服务微创新。

让等待充满快乐的特色服务。通常而言，就餐排队是大家极其厌烦和讨厌的，但大多餐馆均没有什么好的解决方式，要么你就提前订房间，要么你就等着，有时连个凳子都没有。传统的等待只是坐在餐馆的椅子上干等着，稍微好点的能够奉上一杯水或者一块西瓜。很多顾客一听说要等，马上转身就走了。而海底捞则首先意识到了这个问题，将等待变成了期待：当你在海底捞等待区等待的时候，热心的服务人员会立即为你送上西瓜、橙子、苹果、花生、炸虾片等各式小吃，还有豆浆、柠檬水、薄荷水等饮料（都是无限量免费提供）。此外，你还可以在此打牌下棋和免费上网冲浪。更令

① 主要参考周永亮《海底捞的“变态服务”》（《现代企业文化》2013 年第 1 期），以及一些网络文献资源。

人惊喜的是，女士可以享受免费修剪指甲，男士可以免费享受擦皮鞋等。等待的过程充满了娱乐休闲的味道，枯燥变成了有趣的“占便宜”过程。

及时到位的席间服务。海底捞将与就餐有关的服务过程变成了类舞蹈动作，如抻面过程、收拾桌子的过程等，让你感到新奇有趣又不多余，同时也增加了服务员工作的快感；还有服务人员随叫随到。海底捞是按时加水，不需要你找，你有需求，只要一伸手，最近的那个服务员就会过来打招呼，即使是正在送菜的服务员，如果他看到你这里没有相关服务员，也会马上过来问“您需要什么?”这种随时随地回应顾客的做法让顾客在吃饭的过程中会感到没有被忽视。同时，服务员在席间会主动为客人更换热毛巾，次数绝对在两次以上；会给长头发的女士提供橡皮筋箍头，提供小发夹夹前刘海；给带手机的朋友提供小塑料袋子装手机以防进水；戴眼镜的朋友如果需要的话还可以免费送擦镜布；当然给每位进餐者提供围裙更是一道靓丽的风景线。

节约当道的点菜服务。如果客人点的量已经超过了可食用量，服务员会及时提醒客人，试想可知这样善意的提醒会在我们的内心形成一道暖流；此外，服务员还会主动提醒食客，各式食材都可以点半份，这样同样的价钱我们就可以享受平常两倍的菜色了。

每个环节都洋溢着服务的光芒。从停车泊位、等位、点菜、中途上洗手间、结账走人等全流程的各个环节，海底捞都处处体现了对服务的重视和对服务人员培训的投入。

星级般的WC服务。海底捞的卫生间不仅环境不错，卫生干净，而且还配备了一名专职人员为顾客洗手后递上纸巾，以便顾客能够擦干湿漉漉的手。

厨房不再免进。海底捞出了一个让餐饮业都感到意外的招数：顾客可以参观厨房。参观过程中，店里会派专门的服务员给你带路、给你讲解：这是上菜间，这是配菜间，那是冷藏室，这是冰柜等，介绍得很是详细。有意思的是，整个厨房里没有其他餐馆厨房里的那种泔水味道，甚至可以说没有什么味道。其原因也很简单，就是保洁员几乎随时都不停地擦拭。厨房看完了，你的食欲会大增，而且会放心去吃。

第二节　商业模式微创新

“商业模式”一词最早出现在 20 世纪 90 年代中期，它是随着互联网在商业领域的普及和应用而开始流行的，其内涵也扩大到企业管理的各个领域。迈克尔·拉帕（Michael Rappa，2004）认为：商业模式是能够为企业带来收益的模式，是指做生意的方法。托马斯（Thomas，2001）认为：商业模式是开办一项有利可图的业务所涉及的流程、客户、供应商、渠道、资源和能力的总体构造。① 商业模式的四个构成要素是：客户价值主张、盈利模式、关键资源和关键流程。这四个构成要素密切相关，如图 3－1 所示。

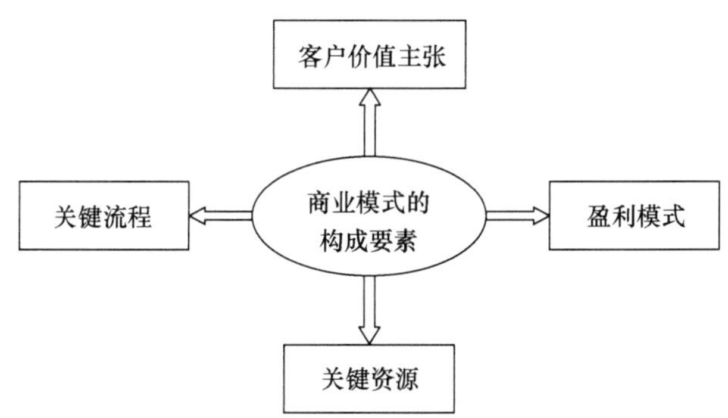

图 3－1　商业模式的构成要素

① 转引自雷家骕、洪军《技术创新管理》，机械工业出版社 2012 年版，第 154 页。

其中，客户价值主张是指能为客户带来什么不能替代的价值；盈利模式是指如何从为客户创造价值的过程中获得利润；关键资源是指企业内部如何汇聚资源来为客户提供价值；关键流程是指企业内部制度和文化如何实现其客户价值。客户价值主张和盈利模式分别明确了客户价值和公司价值，关键资源和关键流程则描述了如何实现客户价值和公司价值。

目前，面对消费者需求的精细化、多元化趋势，企业多年经营的竞争优势正承受着越来越大的压力。怎么使商业模式合理化也成为企业迫切需要解决的问题。在快速变化的复杂环境中，企业要想得到长期的、可持续的竞争优势和利润，就必须为最终用户构建解决方案，而不是开发简单的产品。从“产品”到“解决方案”型创新模式意味着不仅要有产品的创新，更多的是要全面有效地整合企业更多的资源，给消费者带来全新独特的体验，从而扩大市场份额。商业模式微创新的主要类型有定位型微创新、渠道型微创新和营销型微创新。

一　定位型微创新

定位型微创新是以关注客户价值为起点，通过对产品或服务的定位来设计产品或服务，以达到创造独特用户体验的目的，从根本上为客户创造并传递价值。需求层次的多样性决定了定位型微创新。企业应时刻关注行业的变化情况，寻找新的市场，寻求和创建新的定位。例如，谭木匠定位于女性顾客的高端市场。谭木匠的核心消费群体是女性顾客。一直以来低端小品牌充斥着整个木梳市场，而高端市场则是空白。于是，谭木匠定位于高端市场，在选材、工艺、产品开发和包装等各方面力求精品化、高档化和多样化；并围绕着这一市场定位，以“亲情、友情、爱情、风土人情”为主题，将实用性与艺术性融为一体，以品种繁多、各店之间不同质化的优势吸引顾客，极大满足了其核心顾客群体——现代女性的心理需求。[①] 奇虎 360 商业模式上的定位型微创新不仅仅局限于对市场上商业模式做改善，还在于对市场上冷门的关注，有着对“被遗忘和忽视”敏锐的洞察力，能从别人忽略的地方着手设计，最终改变整个市场格局，作为互联网杀毒行业的后起之秀依靠独特的微创新模式独占鳌头。[②] 奇虎 360 的定位型微创新还体现在价值定位上，其免费的商业模式在行业内是一个颠覆性的创新，但维持这种颠覆性创新的是微创新。公司将市场进行细分：对于一般需求的用户，一直沿用免费的策略来吸引更多的用户，运用流量优势获得自己的收入；对于特殊需求用户，依靠安全增值服务，如 360 安全卫士求助专家和游戏等获得收入的来源；对于在线广告客户，借用其巨大的访问流量为企业用户投放广告，获得巨大的广告收益，最终获得了巨大的商业价值和收益。奇虎 360 就是以这种免费安全服务为突破点，通过互联网增值服务和在线广告获取收入，寻找出了凭借互联网客户体验和使用习惯依赖的微创新的盈利商业模式。

二　渠道型微创新

渠道型微创新是指直销、中间商，单一、多渠道或互联网络、实体店铺等销售渠道方面的创新。为了增加对目标客户的覆盖率，使客户更为快捷、经济地得到所需的产品和服务，就要突破传统的渠道限制，让产品在最意想不到却又恰如其分的地方和顾客邂逅。这种产品与渠道的反差必然带来客户体验上的改变，产生微创新的引爆力。比如，网络曾经被认为是草根市场，作为国内第一个在网上开设官方旗舰店的汽车制造商，吉利全球鹰旗舰店的开业，不仅是一次汽车销售渠道的创新性探索，也意味着消费者购买行为的改变。中国的网络购车由此拉开大幕。再如，2010 年 3 月美团的上线，开创了中国电子商务的团购时代。这都是销售渠道的创新。由

---

① 赵艳丰：《“谭木匠”——体验营销的先行者》，《中外企业文化》2008 年第 11 期。

② 徐德力：《基于客户体验的企业微创新机制及策略探析》，《常州工学院学报》2013 年第 6 期。

网站作为发起者，组织团购，为消费者发现最值得信赖的商家，以规模采购的优势让消费者享受超低折扣的优质服务；同时，为商家找到最合适的消费者，给商家提供最大收益的互联网推广。美团网开创的这种团购模式，不仅给自己带来了成功，还在中国互联网领域迅速掀起了一场“百团大战”。

三 营销型微创新

所谓营销创新就是根据营销环境的变化情况，并结合企业自身的资源条件和经营实力，寻求营销要素在某一方面或某一系列的突破或变革的过程。营销创新是企业在竞争中生存与发展的必要手段。通过营销创新，企业能科学合理地整合各种资源，并能提高产品的市场占有率。营销型微创新是强调在产品的营销环节通过采取一系列的新方法、新促销手段或者新形式等，给客户带来不一样的体验，从而引爆用户群。例如，广东潮宏基实业股份有限公司成功地利用电影的促销手段成就了“心蝶”钻戒。电影《非诚勿扰 2》中，男主角秦奋的求婚钻戒吸引了诸多眼球。这枚 2 克拉的钻戒，名叫“心蝶”，其设计灵感来自梁祝“化蝶”的故事。于是，“心蝶”演绎了“爱是一种修行”的影片主题。作为《非诚勿扰 2》中戏份颇足的小精灵，“心蝶”钻戒来自于广东潮宏基实业股份有限公司，巧妙的植入营销成就了潮宏基“心蝶”的成功。

案例 3－3

《煎饼侠》营销微创新：放弃“高大上”，采用“接地气”①

喜剧电影《煎饼侠》在 2015 年暑期票房超过 10 亿，成为暑期档中的大热影片。其中一个重要原因是“接地气”营销。

《煎饼侠》虽然是一部宣传超级英雄的电影，但是与观众耳熟能详的好莱坞大片相比，无论制作成本还是人物的设定上都有不小

---

① 张璐晶：《〈煎饼侠〉的神奇逆袭：投资 1800 万，票房 10 亿 +》，2015 年 8 月 14 日，海外网（http://world.haiwainet.cn/n/2015/0814/c345796－29058488.html）。

的距离。利用互联网、新媒体“接地气”的营销战略，让其成为“奇迹”。

该电影导演董成鹏（又名大鹏）全程参与了电影的宣发阶段战略，包括31个城市的路演、去街头卖煎饼、去蓝翔技校宣传等一系列“接地气”的营销活动。“放弃采用‘高大上’的营销话语，放低身段走进受众语境，才能与受众平等对话。”大鹏说。

为了宣传电影，“大鹏摊煎饼”的图片在新浪微博“爆红”。大鹏首选网民聚集、年轻网友众多的中关村摊煎饼，此事件在微博上迅速发酵。当天微博上多个微博大V账号转发了“大鹏摊煎饼”的图片，而且当天相关的视频热度更是高达226.2万。

与走进一般高等学府的宣传方法不一样，“大鹏进蓝翔”更能体现其运用互联网思维、制造网络话题宣传的路径。在蓝翔技校内，大鹏开挖掘机、学厨师、学摊煎饼等活动的照片，在微博等社交媒体上也引发了大量的关注。

31个城市的路演更是让《煎饼侠》创下了电影路演的纪录，从早到晚都在奔波中，以至于后来大鹏每次上台前都要先问问助理，他身处哪个城市。

第三节　管理机制微创新

管理既是一门科学，也是一门艺术。有效的管理需要运用一定的科学管理理论和技术，还要有善于创造性地运用科学知识及将知识转化为生产力的技巧。随着社会的发展、电子网络的普及，这种管理上创造性的转化技巧，即管理创新，对组织的发展更显重要。管理创新是指组织把新的管理方法、新的管理手段、新的管理模式或要素组合引入组织管理系统以更有效地实现组织目标的活动。管理创新如果从管理职能的角度，可以分解为目标、计划、实行、控制、调整、领导和组织等管理职能的创新；如果按业务组织的系统，又可以分为战略创新、模式创新、流程创新、标准创新、观念创新、结构创新和制度创新等。以企业职能部门的管理而言，企业管理创新包括研发管理创新、生产管理创新、市场营销和销售管理创新、采购和供应链管理创新、人力资源管理创新、财务管理创新、信息管理创新等。

从上面的分类可以看到，管理创新范围较广。为了加强分析的针对性，本书重点从微创新的角度分析问题，这里强调的是管理机制微创新，主要从人事管理和组织结构两方面进行分析。本书认为，管理机制微创新是针对组织内部管理，逐步地、不断地在人事管理和组织结构等方面推进使员工能有切身体会的创新改革，使得组织的管理要素或要素组合富有创造性地开展工作，以推进产品、服务和营销模式的微创新，有效促进组织目标的实现和组织的稳定发展。前面提到的产品和服务微创新、商业模式微创新都是组织（特别是企业）微创新的表现，也是组织追求的目标，而管理机制微创新是两种微创新的基础。有了管理机制微创新，产品和服务微创新、商业模式微创新才更为有效，才更能符合用户的需求。

影响管理机制微创新的最大因素是领导者。本书在前文分析微创新的基础上强调了企业家精神，这是领导者必须具备的素质。组织微创新的绩效在很大程度上取决于领导者的有效性。这种有效性通常表现在以某种特定的方式来影响他人的行为时所展现出来的能力，包括敏锐的洞察力、应变能力和对企业运行的控制能力。洞察力决定着企业能否正确地形成微创新，应变能力决定着企业能否正确及时地进行微创新，而控制能力直接影响着企业微创新的有效实施过程，如图 3－2 所示。

要有效推进组织微创新，一方面，领导者要身体力行，在微创新中起到模范作用。如微创新的推崇者周鸿祎，不仅时刻倡导微创新，而且在寻找产品创新的过程中，他每天做得最多的事情就是在用户论坛里和用户交流产品体验，从用户的反馈中得到用户的需

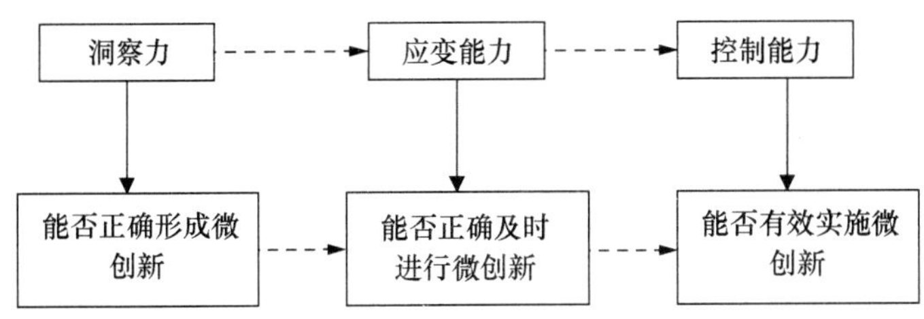

图 3－2　微创新与领导能力

求，从而对产品进行微创新。另一方面，领导者要通过强化人事管理微创新、组织结构微创新等管理机制微创新来促进组织的微创新。这一方面尤为重要。

一　人事管理微创新

要推动微创新，首先应该是组织人事管理微创新。“用户体验”“客户导向”是微创新的基石，当然也是人事管理微创新的基石。对管理者来说，组织的所有人员都是管理者的客户。人事管理不是一个简单自上而下的管理过程，它更多应该是自下而上的反馈。当组织中员工的要求与反馈收集上来以后，人事管理者能否想员工之所想，做出相应的调整，是组织能否实现“客户导向”的一个关键。

对于任何一个组织而言，人力资源的重要性明显超过了资金和物质资源的重要性，高素质的人力资源是组织微创新得以成功的关键。一个适合于组织发展的人才，如果能在其岗位上发挥能量，无疑将成为组织取之不尽、用之不竭的宝贵资源。创新型人力资源包括：企业家、信息猎取者、创新构思者、技术攻关者和项目管理者。他们有一些共同的特点，那就是成就感、好奇心、开拓性、蔑视权威及团队精神。人事管理的微创新就是要通过制度的有效改变，以具体的、恰当的、细致入微的方式激励这些人才为组织积极做事，并促进这些人力资源的整合，使之形成团队，使他们在微创新中发挥尽可能大的作用。人事管理微创新的目的是要树立组织的核心价值观，培养组织特有的企业文化。一个成功的实施微创新的组织是有特色鲜明的企业文化的，这种优秀的企业文化能突出企业的特色，形成企业成员共同的价值观，在多变的环境中增强组织的灵活性与反应能力，保证组织持续稳定的发展。

在人事管理微创新中首先要重视的是激励制度微创新。通过有效的激励制度微创新使得员工视组织为家，产生强烈的归属感。如海底捞的成功不仅在于对顾客的服务微创新，而且还有其有特色的、对员工体贴入微的人事管理制度。人事管理制度微创新还强调通过有效的措施激发员工的工作热情，如海尔在成本控制方面的管理机制微创新。成本控制离不开企业全体员工的努力，为了激发员工在成本控制方面的热情以及提高全体员工的成本意识，海尔采取了一系列的针对性措施。一方面，在全体员工中宣传“降低成本，人人有责”的“全员降成本”的理念，提升员工成本控制与成本节约意识。另一方面，定期实施降成本活动，整合与激发出员工的“智慧”，从企业的各个方面降低成本。同时，对为降低成本做出贡献的员工实施激励，从而激发员工降低成本的积极性和创造性。一个典型的例子是，德里克（Derrik，海尔洗衣机业务日本市场负责人）在看中央二台最为火爆的竞猜节目“购物街”时，发现每期都会摆出价值数万元的商品让观众竞猜，猜对价格的观众就可以免费得到商品。受此节目的启发，他和他的团队也引进了这种竞猜价格的形式，通过举办“竞猜物料价格”活动，引起员工对物料的重视，提升员工的成本意识，使员工对物料价格有更清晰的了解。①

人事管理微创新的基本方向是柔性管理。柔性管理是一种“以人为中心”的“人性化管理”，它在研究人的心理和行为规律的基础上，采用非强制性方式，在员工心目中产生一种潜在说服力，从而把组织意志变为个人的自觉行动。提起“柔性管理”，总会想起“温柔”一词，有管理的技巧在里面，内在的、情感的、心理的管

---

① 苏敬勤、朱方伟、王淑娟编：《中国第三届 MBA 管理案例评选百优案例集锦》，科学出版社 2013 年版，第 15 页。

理融入其中，焕发人的内在动力，挖掘人内隐的潜力，变“要我怎样干，我就怎样干”为“我要怎样干，想怎样干好”，极大地调动人的主观能动性，以提高工作效率和质量。因此，柔性管理强调人际关系，重视感情投资，塑造企业文化，致力于人力资源开发，以充分调动人的积极性和创造性。柔性管理的一个主要体现是管理决策柔性化。柔性管理的最大特点主要在于不是依靠权力影响力（如上级的发号施令），而是依赖于员工的心理过程，依赖于每个员工内心深处激发的主动性、内在潜力和创造精神，因此具有明显的内在驱动性。① 很显然，柔性管理与本书前文分析的微创新的基础是一致的。

管理决策的柔性化首先表现在决策目标选择的柔性化上。传统决策理论遵循决策目标选择的最优化原则，而事实上是难以按最优准则进行决策的。因此，决策者应根据已掌握的信息做出满意的选择。决策的最优化原则向满意原则的转变，实质上也就是从刚性准则向柔性准则的转变。此外，管理决策的柔性化还体现在决策的程序上，即属于刚性决策的“一言堂式的决策”转向“群言堂式的决策”，后者是由相关人员独立自主地自由发表意见和建议，并在此基础上进行综合分析，择善而行，由此而形成的决策，可称为柔性决策。柔性管理的另一个重要体现就是奖酬机制的柔性化，除了物质上的奖励，更应注重精神上的嘉奖，可以通过扩大和丰富工作内容，提高工作的意义和挑战性对员工进行激励。②

目前，管理决策柔性化和奖酬机制的柔性化在许多组织中都得到了体现。柔性管理成为人事管理微创新的方向，是因为这种管理方法对促进产品服务微创新和商业模式微创新有明显的优势。首先，微创新需要的正是全员主动参与创新，而柔性管理能够激发所有员工的创造性。它尊重每位员工的潜能，使员工发挥能动性。这

---

① 《柔性管理法则》，中国经济网（http：//tech. ce. cn/news/201412/16/t20141216_4133198. shtml）。

② 同上。

样，员工会自觉、自愿地将自己的知识、思想奉献给企业，实现“知识共享”，为组织的创新与发展贡献自己的智慧和力量。其次，微创新强调适应用户需求等市场环境的快速变化，而柔性管理在外部上更加适应快速变化的市场环境。知识经济时代的市场环境具有多变性和复杂性，企业采取柔性管理方式能够集合所有员工的智慧，吸收市场最广泛的信息，做出最迅速的决策。柔性管理有效提高了信息的传递速度，对企业应对外界环境、采取及时的决策有极大作用。① 最后，柔性管理更能满足柔性生产的需求，而柔性生产强调的能够快速适应市场变动对生产提出的要求，是与产品微创新的目的一致的。例如，日本丰田汽车公司首创柔性化生产体系，实现小批量多品种生产，能对顾客需求迅速做出反应，同时利用电脑技术调整生产线，能够降低成本。② 对顾客需求快速做出反应正是微创新的根本特性。

案例 3－4

海底捞激励员工的创新措施③

尊重与关爱员工，创造和谐大家庭。海底捞的管理人员与员工都住在统一的员工宿舍，并且规定，必须给所有员工租住离工作地点较近的正式小区或公寓中的两居、三居，不能是地下室。如果员工是夫妻二人，公司还会考虑为其配备单独房间。所有房间配备空调、电视、电脑，宿舍有专门人员管理、保洁，员工的工作服、被罩等也统一清洗。若是某位员工生病，宿舍管理员会陪同他看病、照顾他的饮食起居。虽然这些配套设施增加了公司成本，但是效果却很显著。由于餐饮行业工作时间长、劳动强度大，有了这些保障

① 曾叔云：《创新之道——中外企业创新经典案例教程》，企业管理出版社 2010 年版，第 204 页。

② 同上。

③ 根据衡虹、何丽峰《新时期企业管理和服务创新的探索与分析——海底捞的做法与启示》（《经济界》2013 年第 2 期）以及网络文献资源整理而得。

后，辛劳一天的员工夜晚不需远途奔波就可以回到宿舍，也不必为洗衣物和整理宿舍而烦心，节省了体力和精力，有利于第二天工作时有好心情。

薪酬与福利体系。在薪酬方面，海底捞实行领先型战略，其员工的收入在同类企业中处于领先地位，高出平均水平10%—20%。相对较高的薪酬使得海底捞对外界的优秀人员具有吸引力，同时也有利于留住内部的优秀员工。海底捞非常重视员工的福利，给员工提供了比较丰厚的福利，主要包括：员工保险、廉价宿舍、免费食堂、带薪假期、重大节日的公司礼品等。海底捞给每一位员工都上了保险，使员工在工作中产生安全感、稳定感。大堂经理以上级别员工享有父母补贴，这部分钱会直接由公司寄到员工家里。

信任与情感管理。在海底捞，处处营造一种家的氛围，从董事长到新员工，不分级别，都要以诚相待。在开会时，每个人都有发言和提建议的权力，有价值的建议很快会被采纳并推广，同时建议人还会获得一定的奖励。这种开放的文化不仅增强了员工的集体归属感和主人翁意识，更提高了组织管理效率。海底捞在招聘时鼓励员工推荐自己熟识的老乡、同学、亲戚一起到海底捞工作，凡是通过选拔的熟人都可以留下来工作。海底捞认为家人之间不仅有亲情，更重要的是彼此之间的信任，只有互信互助，才能形成强大的凝聚力。海底捞的一线员工都有免单权。不论什么原因，只要员工认为有必要就可以给客人打折或者免费送一些菜。

职业发展与鼓励成功。海底捞强调"人人平等，只要努力都有可能成功"的价值观，鼓励每一位员工在海底捞获得发展和成功。海底捞为员工设计了良好的晋升渠道，为每一位员工提供公平公正的发展空间。任何新来的员工都有三条晋升途径可以选择，包括管理线、技术线和后勤线。在海底捞，只要足够努力、表现优秀，晋升可以很快，有的员工可能只花两三年就能担任领班，甚至20多岁就成为分店经理。有了这样的激励机制，海底捞的员工是在用"双手改变命运"。

重视全面的考核制度。除业务方面的内容之外，还有创新、员工激情、顾客满意度、后备干部的培养，每项内容都必须达到规定的标准。如“员工激情”，总部不定期地对各个分店进行检查，看员工的注意力是不是放在客人的身上，看员工的工作热情和服务的效率。如果有员工没有达到要求，就要追究店长的责任，一次可以原谅，可以给机会，几天后再派人检查，员工的服务是否快速、准确、热情，是否能够马上完成顾客的要求，大方得体。

二 组织结构微创新

本书强调的组织结构微创新，指的是组织结构的设计是为了增强客户体验的需要，为了促进组织微创新的形成与发展，而不只是强调组织结构的细微变化。只要组织结构的创新是围绕着客户的需求、跟随着市场环境的变化而不断进行，我们就称之为组织结构的微创新，或者说，是基于微创新的组织结构。比如，奇虎 360 微创新后的组织部门设计很大程度上是为了客户体验的需要，通过客户管理信息部对客户信息进行分类和研究，并将研究结果中可进行生产的产品交给技术部生产，最后将生产的产品放在客户体验中心让客户体验，并实时关注客户论坛联盟的更新，以此作为不断微创新的基础。[①] 当组织结构不利于组织领导者促进微创新的时候，领导者必须要对这种组织形式予以创新，引入或创造出一种能够促进微创新的组织结构。

组织结构微创新强调通过组织结构创新的有效性来提高组织的能动性，从而将微创新的思维方法内化为组织创新的一种有效方式。比如，海尔进入日本市场后，为了适应“满足需求更要引导需求”思维的转变，建立的研发中心和专家团队就是一种组织结构微创新。一方面，海尔为了设计、创新产品，进一步整合日本当地研

---

① 徐德力:《基于客户体验的企业微创新机制及策略探析》,《常州工学院学报》2013 年第 6 期。

发资源，在日本的大阪和东京成立研发中心，以便设计出符合日本当地消费者需求的产品。另一方面，为了开发“面向日本、源自日本、适合日本”的家电产品战略，海尔进一步根据自身的资源优势，在引领市场需求方面取得新的进展。[①] 从2007年开始，海尔开始在全球范围内整合专家资源，开创了“1＋1＋N”专家团队模式。第一个“1”叫“外1”，是代表国际先进水平的专家；第二个“1”叫“内1”，代表海尔原来的管理者；“N”代表团队。内1和外1协同一致带领整个团队创造价值。按照该模式，海尔针对日本市场专门成立了“1＋1＋N”专家团队。在这个团队里有来自日本著名家电厂家东芝、松下、三洋和韩国的LG、三星的资深专家，专家团队为整个团队提供先进的设计理念和丰富的设计经验，内1负责将外1的方案执行到位，带领团队前进。在“1＋1＋N”专家团队的努力下，海尔成功推动了产品的创新，不仅是微创新，还有大的创新。如面向日本市场的高端大滚筒产品，使用世界首创的混合平衡技术，振动和噪声水平达到国际领先水平。[②]

微创新强调从客户体验出发，以消费者为中心，强调相关方参与和反馈的开放协同，并且微创新是一种由下而上的、自组织多元化的创新，每个员工都是组织的创新源。那么，基于微创新的组织结构变化应该呈现出如下特点。

一是扁平化的简单组织结构。它通常只有两三层的垂直层级，松散的员工结构和集中的决策权。这种简单的组织结构在企业中应用最广泛，它快速、灵活，维持成本低，责任明确。扁平化的组织结构减少了管理层次，扩大了管理幅度，可以被理解为是放权的表现。

二是能够快速反应的组织结构。随着日新月异的信息技术和顾客需求的复杂化和快速变化，完成任务所需要的技能也更加多样

---

① 苏敬勤、朱方伟、王淑娟编：《中国第三届MBA管理案例评选百优案例集锦》，科学出版社2013年版，第11页。

② 同上书，第13页。

化。那么，一个组织就必须要在市场需求中迅速调整、果断决策，从而赢得市场竞争。为了更好地掌握消费者的需求，并对其需求的变化做出反应，企业的领导者或主管开始更多地使用团队或临时性的项目管理小组，如前面提到的海尔开创的“1+1+N”专家团队模式。

三是组织运行的柔性化。为了适应快速的技术变革和全球化趋势，原有的权力集中的金字塔组织结构将朝着业务内容变动大、工作灵活度高的柔性组织结构转变。也就是说，组织结构的可调整性和适应能力都大大提高。[①] 组织结构运行的柔性化就是要整合关键职能，促进不同职能间频繁、有效的交流，以组织结构更加灵活、适应性更强，更容易吸收外界的成果为出发点，提升组织协作中的掌控度，使组织获得足够资源的途径简单，能够承担微创新的成本，消化微创新的失败。

四是组织边界趋向模糊化。现在越来越多的企业突破层级制组织模式，建立了由小型、自主和创新的经营单元构成的网络型组织，这种网络组织可以扩大企业的虚拟功能。[②] 更为重要的是，在组织内部管理上，建立学习型组织成为促进微创新的重要方式。

1965 年，美国麻省理工学院佛瑞斯特（Forrester）教授发表了一篇题为《企业的新设计》的论文，运用系统动力学原理，非常具体地构想出未来企业组织的理想形态——层次扁平化、组织信息化、结构开放化，逐渐由从属关系转向为工作伙伴关系，不断学习，不断重新调整结构关系。这是关于学习型组织的最初构想。彼得·圣吉是学习型组织理论的奠基人。作为佛瑞斯特的学生，他一直致力于研究以系统动力学为基础的更理想的组织，于 1990 年完成其代表

---

① 曾叔云：《创新之道——中外企业创新经典案例教程》，企业管理出版社 2010 年版，第 200 页。

② 同上。

作《第五项修炼——学习型组织的艺术与实务》。[①] 该书提供了一套使传统企业转变成学习型企业的方法，使企业通过学习提升整体运作的“群体智力”和持续的创新能力，成为不断创造未来的组织。

学习型组织是一个能熟练地创造、获取和传递知识的组织，同时也善于修正自身的行为，以适应新的知识和见解。[②] 学习型组织的要素主要体现在以下几方面[③]，都与微创新的需求契合。

（1）合适的组织结构。学习型组织强调组织的整体重于局部，部门间的边界要尽量弱化。同时，这种结构摒弃了限制性的岗位要求、过度控制的组织架构以及拖拉烦琐的办事程序。

（2）不断学习。学习、思考和创新是学习型组织的精神。高度重视学习，学习成为组织的一项“基础业务”，发现、纠错、成长是一个不断循环的学习过程，只要能从中学到知识，任何试验都不算失败。就是说，奉行鼓励冒险、变革和不断改进。组织成员在工作中学习，在学习中工作，学习成为工作新的形式。

（3）授权。组织要求减少依赖性，尽量把责任落实到最终的执行者。

（4）系统思考。或者说是环境审视。就是说，要站在系统的角度认识系统，认识系统的环境。善于实行改变的组织是那些最能适应环境的组织。

（5）知识的创造和转移。在信息传递最优的组织里，知识的汇集和传播也最畅通无阻。技术要促进信息的收集、分析和传播水平。

（6）质量。组织将全面质量管理作为一种生存方式。

（7）团队与协作。团队是现代组织中学习的基本单位。人际关

---

① ［美］彼得·圣吉：《第五项修炼——学习型组织的艺术与实务》，郭进隆译，上海三联书店 2003 年版。

② 《学习型组织》，百度百科（http：//baike. baidu. com/link?url = p2w2eIlEh OpNdhb2Ck_oeFhXWuOIa3_uLo rPQuX8_I2Zuefgp6Vk2mSo5 FmEo7YVSsrBzKMDvTPQ4Xvya1ZuvK）。

③ 部分内容参考赵文明、黄成儒《百年管理思想精要》，中华工商联合出版社 2003 年版，第 278 页。

系按团队进行工作，能够最大限度地利用各种知识和各类资源。协作强调的是平等的价值观，能营造集体意识和人与人之间相互关心的文化氛围。组织的成就来源于协作气氛下的愉快、有创造力的员工。

（8）愿景。愿景可以凝聚公司上下的意志力。通过组织共识使得大家的努力方向一致，个人也乐于奉献并为组织目标而奋斗。[①]人们只有从事真正为之动心的事情，才会卓有成效，发挥创造力。

我们可以看到，这些要素体现着微创新的客户导向性、渐进连续性、开放协同性和草根多元性等特征，而且与转变观念、分析客户需求、鼓励试错等微创新形成的基础是相符的。所以说，建立学习型组织的组织创新是有利于促进组织微创新的。学习型组织促使人自我超越。人们之所以不断地突破极限，追求自我价值的实现，是因为心中有一种美好而强烈的理想、目标、愿望和前景，即所谓的“个人愿景”。这种愿望不同于可有可无的“想要”，而是人们心中真正的渴望，是在对人生态度做出基本的价值选择之后，对未来做出的一种承诺。[②] 员工的“个人愿景”是组织创造力的源泉，是组织不断推进微创新的基础。因此，我们要通过建立学习型组织，来创造微创新的组织基础。

学习型组织的缔造不是最终目的，重要的是通过建立迈向学习型组织的种种努力，引导出一种不断促进微创新、不断促进组织进步的新观念。学习型组织是一个开放的系统，在内涵上，必须掌握“学习理念”，因为学习力是任何组织内部的核心竞争力，以此完善组织运行机制，提高组织的竞争力和绩效；在外延上，通过同组织外部环境进行物质、人员、信息和文化等能量的交换，使其内部系统与外部社会环境进行互动和信息回应，实现组织的自我调节。组

---

① 丁家云、谭艳华：《管理学：理论、方法与实践》，中国科学技术大学出版社 2010 年版，第 53 页。

② 赵文明、黄成儒：《百年管理思想精要》，中华工商联合出版社 2003 年版，第 277 页。

织要以学习型组织的基本理念为理论根基，实现组织结构、运转机制、责任机制和权力结构等的转型，从而推动微创新组织文化的形成，使组织成为自由、开放、便于信息交流和知识传播的共享学习成果的系统，能有效地将学习行为转化为微创新行为，从而有效地满足用户需求，促进组织的快速健康发展。

中篇　企业微创新案例与路径

微创新成就大企业。近些年来，从腾讯、奇虎360、豆瓣网等互联网企业，到三全食品、小米科技、小熊电器、海信集团等其他行业的企业，见微知著，为体验创新而设计自己的微创新之路，以微创新的理念寻找切入点，将行业特点与细节创新有机地结合起来，取得了卓越的微创新成效，使企业能够历久弥新，成为业内的常青树。本篇选取有代表性的企业微创新案例进行分析，总结企业促进微创新的路径。

第四章　企业微创新案例赏析

毕加索曾说过："好的艺术家复制作品，伟大的艺术家窃取灵感。"灵感是艺术家创作的源泉，同样也是企业家微创新的源泉。本章分析三全食品、小米科技、豆瓣网的微创新之路，在这些企业的发展过程中，创业者的微创新灵感起到了至关重要的作用，他们以用户体验为出发点，从企业的各个层面推动着微创新。

第一节　积累中改变、突破的三全食品

三全食品股份有限公司（简称"三全"）前身是郑州三全食品厂，是一家以生产速冻食品为主的私营企业，始创于1993年，创始人是董事长陈泽民先生。[①] 陈泽民之所以将公司和产品命名为"三全"，是为了纪念党的十一届三中全会鼓励民（私）营经济发展的政策。1998年12月，郑州三全食品厂改制设立了郑州三全食品有限公司。2001年，郑州三全食品有限公司整体变更为郑州三全食品股份有限公司。2003年12月，该公司与香港企业合资，成为私营企业中罕见的外商投资股份有限公司之一。2008年，三全食品公司在国内挂牌上市。三全在全国有35个分公司、办事处及分厂，产品已出口到北美、欧洲、澳洲和亚洲的一些国家和地区。

---

① 本节中的部分内容参考《三全食品》，百度百科（http：//baike. baidu. com/view/640576. htm）。

三全食品公司是中国生产速冻食品最早、规模最大、市场网络最广的企业之一，它的主要产品是以汤圆、水饺、粽子、面点、点心等为主的中式速冻及常温食品。中国第一颗速冻汤圆、第一只速冻粽子都出自三全，它是我国速冻食品行业生产标准的起草者和速冻食品行业物流标准的主要参与者，是“农业产业化国家级龙头企业”。“三全”品牌已成为我国速冻食品行业的标志性品牌。

在研究三全为什么能取得这么好的成绩时，我们不难发现，从小处入手，发现问题，解决问题，以专注的精神不断地在积累中改变、突破是三全制胜的法宝。

一 善于借鉴，推进工艺和设备创新

三全对生产工艺和设备的更新和改变多是基于客户的实际需求和自身的现实困难。三全创始人陈泽民根据行业特点，从自身条件出发，积极寻找办法，一次次地改进生产工艺和设备，使三全告别汤圆、水饺手工包制的时代，一步步地迈向大型现代化食品企业。

1987 年，陈泽民创建了自己的三全冷饮部，夏季做夹心冰激凌生意，冬季生产汤圆。但是，由于储藏的问题，产量不可能太大。1989 年冬天，陈泽民到哈尔滨出差，看到当地的居民把包好的饺子放在室外冷冻，由此受到启发，他很自然就想到了以速冻的方法实现对汤圆进行存储的想法。于是，他开始研究速冻汤圆的工艺，做出了中国第一颗速冻汤圆。

三全早期的速冻汤圆、速冻水饺等食品的加工主要靠手工包制，汤圆馅料和大小很难统一，陈泽民想到了用河南农村喝酒的小酒杯扣挖的办法。方法虽土，但效果还是很明显的，汤圆的生产速度大大提高。但是，用小酒杯扣挖的馅料还需要人工进一步揉搓校正成圆形，影响了劳动效率。看到了问题，陈泽民开始寻找解决问题的方法。医生出身的陈泽民想到了中药企业制造大力丸的工艺，他就跑到这些企业去考察参观，借用了它们的方法，实现了汤圆馅料的大批量、标准化生产，为当时三全产量的快速提升、满足市场的旺盛需求发挥了重要的作用。

随着汤圆和水饺的工业化以及大规模快速冷冻技术的发展，建立一个现代化的成品库成为摆在陈泽民面前的又一个难题。三全早期的成品库是土造的零下30℃的冷库。在冷库内，工人要穿着厚厚的棉衣，戴着棉帽、棉手套和防冻面罩，传递装着水饺或汤圆的铁盘子，将铁盘子摆在像图书馆书架一样的货架上。工人的劳动强度大，也容易造成关节炎等职业疾病。一次，陈泽民应邀去参观摩托车配件自动化立体库时，看到上千个零部件在仓库中立体分类放置，不需要任何人工搬运，完全靠信息化管理就可以自由取货、配货。纠结在陈泽民心中的冷库问题顿时有了头绪。但是，国内外的自动化立体库的生产厂家，都是做常温立体库的，而三全需要的是低温冷库。听起来，低温冷库和常温冷库，一字之差，但技术上的差别却是很大的。陈泽民和工作人员带着自己的想法，开始在国内外自动化立体库制造厂家中寻找合作伙伴，只要有这方面技术的厂家，他都尽力找来，集思广益，让他们一起研究这个技术，突破“低温技术”这个难关。最后在大家的齐心协力下，一座2万吨的自动化立体化冷库终于诞生了。陈泽民说，这座自动化立体冷库是为三全量身定做的，是整合国内外多方智慧、集体攻关的结果。①

这种发现问题就积极寻找办法解决问题的理念在三全的现代化大生产道路上是浓墨重彩的一笔，不仅使得三全的销售额不断增长，而且丰富了三全的管理经验，创新了三全的管理理念，给消费者带来不断的惊喜和最贴心的服务。三全的创始人陈泽民也曾不无感慨地说：“我的成功，就是不断地去想办法解决问题，也就是为成功寻找方法。”是的，三全的发展就是立足于市场和客户的需求，秉持着严谨的工匠精神，在自己的领域持续耕耘，不断累积知识、经验与技术，善于借鉴，通过创新把现有的技术以一种新的方式整合在一起，将微小的产品做到了极致。三全这种持续性、累积性的

---

① 参见苏敬勤、朱方伟、王淑娟编《中国第三届 MBA 管理案例评选百优案例集锦》，科学出版社2013年版，第158—162页。笔者对内容进行了整理。

微创新过程使客户获得良好体验的同时，企业也相应得到了回报。①

二 产品多样，成就企业竞争优势

微创新是站在市场角度、面向客户需求的创新。随着经济社会的发展，人们一日三餐的饮食观念也在不断更新。三全人充分认识到了这一点，通过对企业目标的定位升级，成功实现了产品的多品种、系列化发展，成为拥有低温冷冻、特色出口、军用产品、常温即食等 14 个品类 400 多个品种、年生产能力达 20 万吨的中国速冻食品的领军型企业。三全人与其说是在生产食品，不如说是在倡导一种多样化、优质化、快捷化的生活方式。三全倡导的这种生活方式在给消费者带来良好的产品和服务体验的同时，也持续打动消费者的心灵，创建了自身的差异化竞争优势。

三全成功的秘诀就在于不断深入地研究市场，其认为产品在满足消费者的同时，还要引导消费者，培育三全忠实的客户群。于是，三全决定把自己成熟的速冻技术用在相近产品的生产上。创新的思路一旦打开，前进的脚步就无法阻挡。三全的核心技术是“速冻”，从第一颗速冻汤圆开始，先后申请了速冻汤圆生产发明专利和外形包装专利，并给研制出来的速冻汤圆起名为“凌汤圆”，在第一时间注册申请了“凌”“三全凌”等商标。在很短的时间里“三全凌汤圆，味美香甜甜”被广为传播，深入人心。随后，三全又开发出了多种馅料和规格的汤圆。既然饺子、汤圆能速冻，能工厂化生产，那么，粽子也应该可以。就这样，围绕着“速冻”技术，三全走上了产品多样化的微创新之路，相继开发出了菠萝粽、莲子粽、八宝粽、叉烧粽、鲜肉粽、蜜枣粽和豆沙粽等 12 个品种。

同时，三全根据不同地区消费者的消费习惯和口味，开始有效地拓展自己的产品范围。在西北市场，三全建起清真速冻食品厂，专门生产清真速冻食品；针对上海人口味淡、喜欢甜食，三全就推出了春卷、包子、宁波汤圆、上海馄饨等；广东人惯于吃滋补、吃

① 梁钧：《微创新引领大格局》，《销售与市场》（管理版）2013 年第 2 期。

保健，三全就投放黑芝麻、肉馅汤圆。三全还根据欧美、日本等不同国家和地区对速冻食品在口味、包装、卫生标准等方面的不同要求，进行一系列开发和认证工作，产品已出口到美洲、欧洲、大洋洲和东南亚地区。[①] 随着产品的日益丰富，三全也把自己的企业目标定位确立为“速冻食品专家”。

从生产速冻汤圆到生产速冻水饺，再到速冻粽子和包子，还是沿着三全速冻技术线路进行的产品微创新，是三全速冻技术应用范围的扩展，是一种由技术到产品的微创新。三全后来的产品，则跳出了速冻技术。

2003 年三全开发出常温产品，跳出了只做冷冻产品的市场定位，2004 年开始生产方便米饭，2005 年开发出中式快餐产品，三全形成了一个包括冷冻、常温、餐饮业在内的产业链。2008 年，刚刚上市的三全明确提出要做“餐桌美食供应商领导者”。这是对三全未来产品创新方向的重要指引。三全不再是单一的速冻食品专家，它已经转变为覆盖更多食品生产领域的供应商。[②]

三全的产品世界越做越大。这些新产品的研发成功，极大地丰富和优化了公司产品的种类与产品结构，拓宽了市场销售渠道，更好地满足了市场需求，使三全保持了健康、快速和可持续发展。经过不断的努力，三全食品已经走上了千家万户的餐桌，成为河南省和中国的名牌产品，连续多年入选“中国 500 最具价值品牌”。[③] 现在，三全有自己的研发团队，有“国家认定企业技术中心”和行业内唯一一家“博士后科研工作站”，“国家速冻食品标准化专业委员会秘书处”也设立于三全，并搭建起国家级标准化实验室、信息化平台、标准技术平台，企业的创新能力、新产品开发能力获得了质

---

① 韩秋芬、宫一宁：《三全食品香飘世界——记郑州三全食品股份有限公司董事长陈泽民》，《中国质量与品牌》2005 年第 11 期。

② 苏敬勤、朱方伟、王淑娟编：《中国第三届 MBA 管理案例评选百优案例集锦》，科学出版社 2013 年版，第 166 页。

③ 李光谱、李金香、田秀群等：《三全食品的创新与竞争力研究——基于产业集群角度的分析》，《河南商业高等专科学校学报》2008 年第 3 期。

的飞跃。

多年来，三全依靠不断的新产品微创新保持并提高了企业的竞争优势，既避免了与同行的同质化竞争，避免了行业的无序化发展，也不断地给行业注入新的活力，引领了速冻行业发展的新方向。

三 重视质量，强化企业全面管理

三全是个以创新为灵魂的公司，把创新看作企业成长的命脉。随着公司的快速发展，三全领导者敏锐地意识到企业要想有持续的竞争能力，只有通过科学的管理，把各种生产要素有效地组织起来，转化为现实的生产力。为确保三全始终处于领跑者的地位，三全从细节入手，真正关注消费者的切身感受，不断创新管理方法，积极推行现代化企业管理。

人才是创新的基石，为了培养员工的素质，提升内部全体人员的综合能力，三全把大专院校的教授请进来，对现有人员进行系统的培训，同时还面向全国高薪聘请顶尖名师专家充实到企业中来。为了加大人才培养的力度，2004 年，公司成立了三全学院，以产、学、研结合的方式，为一批有思想、有干劲的员工提供发展机会，使员工认识到自己的价值所在。三全还建立健全了各项激励制度和淘汰机制，充分挖掘和发展每一个员工的积极性、主动性和创造性，使员工真正做到个人与企业同呼吸共命运，充分发挥自己的聪明才智，不断创新和提高技艺。

三全一贯重视产品的质量和食品的安全，对食品的质量和安全有着宗教般的虔诚。公司始终坚持“全面的质量管理、全新的生产工艺、全方位的优质服务”的宗旨，持续为消费者提供高品质的产品和优质的服务。[①] 三全的风险控制体系，内容包括原材料、加工、冷链等方面，在原材料供应方面，三全食品有一个供应商认证体

① 李光谱、李金香、田秀群等：《三全食品的创新与竞争力研究——基于产业集群角度的分析》，《河南商业高等专科学校学报》2008 年第 3 期。

系，即所有三全的原料供应商必须先经过内部评审。在提供原材料前，三全就对供应商的生产环境、生产资质等进行评审。进入评审目录并得到公司认可后，才能进入公司的下一环节即采购环节。在生产过程中保证“不合格的原料不投产，不合格的半成品不使用，不合格的产品不出厂”。事后有一个冷链追溯体系，即销售环境是否规范、冷链设施如何等，冷库管理的信息、跟踪车辆的记录，都可以清晰追溯到。公司还有一个内部质量追溯体系，三全食品每天生产的产品很多，但是每一天每一批号的产品都会被抽取，放到一个专门的冷库里，出现问题后，可以立刻找到同一天同一批号的产品信息，发往全国哪个地方哪个地区、在哪些商场有销售等信息都可以在系统里边追溯到。此外，公司建立了应急预案，专门成立了危机应急小组，建立了追溯产品、召回产品、危机公关等一系列体系。①

凭借雄厚的科研实力、先进的生产设备和技术工艺以及全面的质量管理，三全已经打造了一条完整的、有足够控制力的从农田到餐桌的新型食品安全供应链，充分保证了从原料种植养殖、生产加工、储存、运输到终端销售的整个供应链产品的品质和安全。②

四 案例结语

纵观三全的发展，就是价值累增性微创新的发展。自公司成立以来，三全人的视线就一直没有离开“食品”这个细分领域，不仅抓住了时机，因地制宜地生产出特色产品，还积极推行现代企业的管理方法。三全始终将“美食愉悦生活、生活尽享美食”的理念作为发展的原点，专注于每一个微创新的累积和增值，持续地改善和创新，并在公司内部培育工匠精神，将其发展为必要的企业文化，不懈地创造着最理想的美食产品。

---

① 赵晓文：《确保食品安全 建立追溯体系——记郑州三全食品股份有限公司的风险控制体系》，《食品科技》2011 年第 6 期。

② 《中国速冻食品行业的领跑者——郑州三全食品股份有限公司》，《中国人大》2011 年第 23 期。

在人们追求轻松、优雅生活的今天，多样化、优质化、快捷化的饮食需求将会不断增加。“餐桌美食供应商领导者”的定位很好地切合了现在的中国食品消费市场，三全的发展前景将会无限广阔。

第二节　从蚂蚁到大象的小米科技

北京小米科技有限责任公司（简称“小米”）正式成立于2010年4月，是一家专注于智能产品自主研发的移动互联网公司。[①] 小米以硬件、软件以及互联网服务为一体，提供的产品主要有MIUI系统、小米手机和米聊等。小米首创了用互联网模式开发手机操作系统、发烧友参与开发改进的模式。在短短四年的时间里，小米手机就异军突起，从一家名不见经传的小公司，发展为公司市值达到100亿美元的大公司。小米创始人雷军荣获2013年中国经济年度人物。“为发烧而生”是小米的产品理念。它开创了互联网手机模式，是全球第一家以成本价定价的手机厂商。超高的性价比使小米每款产品都成为消费者关注的焦点。业内人士感叹：大象的不断倒下和蚂蚁的快速崛起，正成为这个时代的标签，甚至成为一种常态。[②] 是的，柯达、摩托罗拉、诺基亚这些大象级企业纷纷倒下了，而同时却有像小米这样的企业，快速从蚂蚁成为大象，几年时间走过了传统企业几十年的路子。“我们做错了什么?”当诺基亚发出这样的疑问时，人们可能更关注那些崛起的新贵，“他们做对了什么?”

---

① 本节中的部分内容来自《北京小米科技有限责任公司》，百度百科（http：//baike.baidu.com/link?url=deKHxbMS04N-2jz2YgM0jdVHulYqKag7C6w1rpk2NkqHkZizQt9w9Kptzgj-vPeTopleA7AJ9cAvGVWH3LszPuKvQcrhreKZPWx8YZ3qw8zc044-rPXZnkZf6aog2XmofVtlEbeO71IIhuZoqxfiu-tfHRvcXoWY2tS1MAEWl13tBWg78VGBMx6E7RX6LADe）。

② 刘春雄：《大象的倒下与蚂蚁的突变》，《销售与市场》（评论版）2015年第2期。

一　从冷门入手、重用户体验的发展之路

小米在激烈的智能手机竞争环境中起步，以用户体验为中心，从“冷门”入手，将产品定位于“为发烧而生”，依靠顾客参与小米活动而制胜，内部崇尚和谐合作，从而走上了独特的发展之路。

（一）起步：组建超强团队

2010 年小米成立的时候，面临着巨大的机遇和挑战。当年随着移动互联网的迅速普及，我国智能手机市场迎来井喷式发展，各大厂商的争夺也更加激烈。诺基亚智能手机产品不但数量最多，且单品关注率最高。具体来看，诺基亚独占 50.3% 的关注比例，其他品牌与之差距悬殊。排在第二位至第四位的 HTC、三星、摩托罗拉三大品牌关注比例胶着，竞争激烈。苹果以 6.1% 的关注比例位居第五。上榜的两大国产品牌多普达、联想关注比例分别为 4.9%、1.8%。占据关注优势的国外品牌在很大程度上左右着智能机市场的发展方向。其中，苹果在智能手机市场的风生水起尤为值得关注。小米手机真可谓是出生在弱肉强食的时代。当时消费者对智能手机的关注度和接受程度也很高，选择购买智能手机的用户比例也很多，1000—2000 元的价位是消费者选择的主流，关注智能操作系统功能的消费者占到了六成以上。①

小米的创始人雷军是一个非常睿智、善于坚持而且有梦想的人，他认为创业不仅要选择自己能做的最大的市场，还需要选择正确的时间点，专注只做好一件事情，并把事情做到极致，这样才有机会在某个垂直市场做到数一数二的位置。雷军说过：“小米团队是小米成功的核心原因。”2010 年在雷军开始创立公司的时候，他就决定要组建一个超强的团队。于是，在开始的最初半年，他花了至少 80% 的时间寻找合伙人，为了挖到心仪的人员，雷军不惜一切代价，最终很幸运地找到了七个牛人，分别来自金山、谷歌、摩托罗

① 《2010 年中国智能手机市场概述》，百度文库（http://wenku.baidu.com/link?url=JIhrQ5tpegz_KfBEV6TT9nPL6SYBq-Msc8GzHJYgAi2rM462hTZy2QU4G7qUQYXlwcH1B0pqis7dJ12IUn4p2SHxXoFDbtg5JNlPpw2k5UW）。

拉和微软等公司，全部有技术背景，经验极其丰富，平均年龄42岁，本地加海归，土洋结合，充满创业热情。和一群聪明人一起共事，事业就会有成功的可能。小米团队的共识就是如果有一个人员不够优秀，那就不能有效地帮助整个团队，反而会使整个团队的工作效率受到影响。所以，在小米创办两年的时间里，尽管人员不断发展壮大，团队从14个人扩张到约400人，但几乎所有主要的员工都来自谷歌、微软、金山、摩托罗拉等公司，拥有5—7年甚至7年以上的工作经验。这是一批会抓需求、懂技术、善于运用营销策略的团队，这些优秀的人员成为小米迅速发展又不同旁人的优势资源。[①]

（二）定位：冷门入手引领潮流

面对竞争激烈的中国智能手机市场，小米手机作为一个全新的产品，在市场上的知名度较低。为突出企业形象和产品特色，小米瞄准市场，从“冷门”入手，将手机目标人群瞄准“发烧友”，定位做一款发烧友爱好者的高性能手机。小米凭借技术，在配置和性价比上获得了优势，其强大的娱乐功能和相对低廉的价格吸引着年轻、时尚的玩机人群。[②] 为了在用户心中建立良好的企业形象，突出小米手机的特色以及企业独特的产品设计服务，小米手机通过和用户的网络互动以及众多渠道及媒介的大力宣传，迅速赢得广大手机爱好者的认可，掀起了“米粉”的狂热。小米成立两周年，上千“米粉”从各地赶到北京庆祝狂欢，10万台小米手机，仅用6分5秒就全部被抢空。[③] 依靠精准的市场定位，小米手机在国内手机市场抢占了一席之地。小米的定位在大多数人看来，似乎有点出人意料，因为中国“发烧友”的目标人群是小量的，是小众的用户，但是，就是这些跟随时尚潮流的人群和手机发烧友，使小米的产品和

---

① 郭东强：《小米手机模式对中小企业发展的启示》，《中小企业管理与科技》2014年第1期。

② 徐梦军：《小米手机的“粉丝营销”策略研究》，《科技创业》2015年第6期。

③ 弋一：《小米手机的粉丝经济》，《国企》2013年第2期。

形象在消费者心中迅速占据了特殊位置，这样的定位既避免了与三星、苹果等知名品牌的直接竞争，又迅速地占领了市场。[①]

（三）制胜：顾客参与活动

小米创建以来，最成功之处不是小米手机，也不是MIUI、米聊，而是顾客参与小米活动。小米公司将“以顾客体验为中心”做到了极致，营造出了“米粉”文化。小米组成了呼叫中心，由400名员工专门负责小米社区、微博和顾客来电，和“米粉”进行直接的交流、互动和反馈。[②] 同时，小米在各种的媒体论坛上都保持零距离贴近用户。包括雷军在内的小米合伙人每天都要亲自解答用户的一些提问，在一些重要功能的确定上，小米工程师通过在论坛上发起投票等方式收集用户反馈，最终确定产品功能形态，将消费者的需求及时地融入产品设计过程中，这种做法为小米手机创造了独特的竞争优势。这样，小米的顾客由被动变成了主动，深深投入其中，自发地使用和维护小米的产品，自发地将MIUI系统翻译成各种语言，一些专业性较高的人士不仅和小米公司进行互动，也和其他用户进行互动和交流，根据共同的兴趣致力于解决问题并乐在其中。根据百万用户意见进行软件更新，与“米粉”一起做好手机，这是小米最大的创新，也是小米快速崛起、迅速制胜的法宝。

（四）发展：和谐共融的文化氛围

小米相信用户就是驱动力，坚持为发烧而生的产品理念，并把这种理念发展成公司的企业文化。在内部管理上，小米公司崇尚的是和谐与合作，公司内部员工之间保持愉悦的工作氛围，同事也是自己的伙伴，这种轻松的伙伴式关系让每一个人都充分发挥自己的创意。小米公司的组织结构简单，公司内部分工明确，各司其职，本着以客户为中心、以产品质量为基础的思想，建立高效、快速的管理团队，为小米的快速发展奠定了基础。在产品的营销上，不管

---

① 吴芳芳：《小米手机品牌营销文化的探讨》，《价格月刊》2015年第4期。

② 弋一：《小米手机的粉丝经济》，《国企》2013年第2期。

是口碑营销、网络营销还是小米黏性客户的培养，小米都勇于创新，敢为人先，优越的配置和超低的价格不断引发热议，使自己处于话题中心博得眼球，同时注重社会需求，紧跟时代潮流，以“发烧友”的口号扩大在人群的影响力，成功塑造了“青春”的企业形象和良好的口碑。①

二 依靠差异化、专注低成本的商业模式

在商业模式经营上，小米一方面依靠差异化战略，针对用户打造独特的产品和服务；另一方面专注于低成本战略，通过低成本营销、供应商整合、零库存管理降低成本，从而赢得竞争优势。

（一）以差异化打造独特的产品和服务

差异化是通过提高品质和性能，在产品和服务等方面标新立异，赢得一种独家经营或相对垄断的市场氛围，取得领先优势。② 小米与其他手机厂商最大的不同就在于它不仅仅设计硬件，还为消费者提供系统、软件支持，同时对移动互联网平台加以灵活应用。

小米将手机定位于“为发烧而生”，一开始在市场上销售就创造了良好的口碑。这是因为小米手机质量好、性价比高，虽定位于中档机市场，但价格偏低，而配置却是高端机，这种高配置、低价格的销售策略留住了相当多的消费者。为了满足客户需求，小米手机的用户可以自由刷机，即随意更换系统，这是一个独特的优势。小米手机搭载了基于安卓系统深入优化开发的 MIUI 系统，这款系统更符合人们的使用习惯，通过米聊和 MIUI 锁定顾客群是小米的差异化竞争手段，通过 MIUI 论坛，发烧友可以随时跟踪小米手机的开发过程，随时提出对产品的修改意见。而确认正确的意见就会被小米开发团队采纳，从而有针对性地设计出满足用户各种需求的

---

① 高万里：《从小米手机的发展谈国产手机未来变革之路》，《吉林农业科技学院学报》2015 年第 1 期。

② 王立卫：《战略成本管理在互联网经济模式下的应用——以小米科技为例》，《新西部》（理论版）2013 年第 5 期。

产品。[1] 服务和文化的差异化使小米迅速占领了市场。小米的“组合硬件、软件和互联网服务”被称为小米的“铁人三项”，为小米手机的盈利构建了完美的生态系统。[2] 小米的铁人三项使顾客能够把小米同其他竞争性企业提供的同类产品有效区别开来，从而达到使企业在市场竞争中占据有利地位的目的。差异化战略，使小米手机建立了一定的知名度，并且抢占了一定的市场份额，为小米的发展打下了坚实的基础。

（二）以低成本赢得竞争优势

要想在竞争激烈的手机市场争得一席之地并有所发展，成本管理必须面向未来，适应市场变化以满足顾客多样化的需求，提高产品在市场上的竞争力。小米通过一系列的成本管理，不只是降低了成本，更重要的是建立和保持了企业的长期竞争优势。

（1）低成本营销模式。小米团队的优势是互联网，小米公司不仅首创了用互联网开发手机操作系统的模式，其在进行手机销售时，也采用互联网直销的模式，最大限度地省去了中间环节，使运营成本大幅度降低，从而最终降低终端的销售价格。同时，从产品发布到分批销售，小米利用互联网不断制造小米手机的热点话题，如产品更新、降价或者是 MIUI 新加入功能，再加上分批限量销售形成（适度紧俏）的市场环境，使产品的热度一浪高过一浪，小米手机形成了“口碑营销”模式。[3]

（2）供应商整合，生产外包。小米的另一个很大的成本优势就是拥有一批关联公司。小米科技将手机硬件研发和制造外包给英达华、富士康，最后通过第三方物流体系配送至消费者手中，又通过与供应方及电信运营商建立长期的战略合作关系，实现采购成本的

---

① 王睿：《小米手机战略定位分析》，《河北经贸大学学报》2014 年第 3 期。

② 郭东强：《小米手机模式对中小企业发展的启示》，《中小企业管理与科技》2014 年第 1 期。

③ 王立卫：《战略成本管理在互联网经济模式下的应用——以小米科技为例》，《新西部》（理论版）2013 年第 5 期。

降低，提高自身议价能力。小米通过和这些公司的合作，使其产品成本低、效率高、整合速度快，形成了一个以小米手机为纽带的移动互联网帝国。

（3）按需定制，零库存管理。小米手机是订单式生产，订单量的预测依据网上预约购买数量、当周的销售额、微博话题热门程度、论坛帖子数量等，然后形成的生产计划表被送到小米的供应链部门，根据这个确定的需求量来采购零部件。由于是按需采购，零部件等物料的储存和采购成本实现了最低化。小米每周二的抢购按照仓库的库存量销售，由第三方物流体系派送到全国各地，最快的晚上就能到达消费者手中。没有库存压力也就节省了仓储成本，这也是小米手机能以价格优势取得竞争优势的主要原因。

三　案例结语

小米的突出之处在于一切围绕互联网模式，快速营销，快速聚焦，将有限的资源向自己擅长的领域集中，做到集中优势力量，打开市场缺口。小米利用自己擅长的互联网技术对手机制造业生产模式、管理模式、市场营销模式等方面进行微创新，开创出“订单式”电子商务模式，小米手机用户通过网络下单，获得市场需求，实现“按需定制”。在市场机会稍纵即逝的激烈竞争环境中极大地实现了“轻装上阵”和“快速见效”。[①]

雷军在接受采访时曾经说过这样一段话：“传统厂商每卖出一台手机，基本算是生意的结束，而小米每卖出一台手机，只是一个生意的开始。”[②] 是的，随着时代的发展，企业与顾客的关系不再在顾客购买产品后就宣告结束，而应该使顾客持续关注企业动态、持续与企业互动、持续使用企业产品。正是因为持续使用，顾客才会根据自己的体验提出新的需求，企业也才能不断创造顾客的需求，

---

① 王立卫：《战略成本管理在互联网经济模式下的应用——以小米科技为例》，《新西部》（理论版）2013 年第 5 期。

② 王晶：《小米手机：互联网思维下的空手道》，《中国商人》2014 年第 3 期。

实现其产品和服务的不断创新。[①] 也只有这样企业才能够保持其发展盛世的优势，继续走下去，并不断发展壮大。

第三节 另辟蹊径发展的豆瓣网

豆瓣（douban）是一个社区网站，创立于2005年3月，以书影音起家，提供关于书籍、电影、音乐等作品的信息，无论描述还是评论都由用户提供，是Web 2.0[②] 网站中具有特色的一个网站。[③]

创建人杨勃毕业于清华大学，后留学美国，获得物理学博士学位。豆瓣网运营的基本思路就是做一个文化程度较高的用户在线交流读书与观影感受的平台，致力于让用户更好地发现有价值的东西，以丰富他们的日常生活。[④] 豆瓣提供书目推荐和以共同兴趣交友等多种服务，是一个集品味系统（读书、电影、音乐）、表达系统（我读、我看、我听）和交流系统（同城、小组、友邻）于一体的完全意义上的创新服务模型。

豆瓣网从开办伊始仅仅9个月的时间，就拥有了5000多万注册用户，而网站的前期投资仅仅是来自几个朋友的20万人民币。这是互联网Web 2.0时代的一个奇迹。2012年8月，豆瓣宣布其月度覆盖独立用户数已超过1亿，日均PV[⑤] 为1.6亿。2013年第二季度、

---

① 刘佳：《TAM和心流理论下的顾客持续使用行为——基于小米案例研究》，硕士学位论文，大连理工大学，2014年，第45页。

② 指的是一个利用Web的平台，由用户主导而生成的内容互联网产品模式，为了区别传统由网站雇员主导生成的内容而定义为第二代互联网，即Web 2.0，是一个新的时代。

③ 本节中的部分内容来自《豆瓣网》，百度百科（http：//baike.baidu.com/link?url=uh7_30BRDX4gnq6_4pYb7y4-Oej5uPABpyaYDr-1jXCtluqVj9MjMbMRiwce7Vh-N-ojSs2s45BNvRdIAU-2wq）。

④ 李昂：《文艺青年杨勃和他的豆瓣网》，《劳动保障世界》2012年第6期。

⑤ PV（page view）即页面浏览量，通常是衡量一个网络新闻频道或网站甚至一条网络新闻的主要指标。

第三季度的豆瓣月度覆盖独立用户数均达2亿。

杨勃一直坚持“以用户为中心”，把用户体验做到了极致。正如奇虎360公司董事长周鸿祎在2010年“网络草根创业与就业论坛”上所言，“用户体验的创新是决定互联网应用能否受欢迎的关键因素，这种创新叫‘微创新’，‘微创新’引领互联网新的趋势和浪潮”[①]。豆瓣凭借其独特的使用模式、持续的创新和对用户的尊重，荣获“2012中国年度微创新企业100强”的殊荣，“书以类聚，人以群分，文艺范儿开启阅读分享新时代”的豆瓣阅读被评为“2012中国好产品30强”。[②] 现在，豆瓣网被公认为是中国极具影响力的Web 2.0网站和行业中深具良好口碑和发展潜力的创新企业。

一　定位的与众不同

随着现代科技的发展和互联网的迅速普及，大量的信息以海浪式四面八方涌入人们的生活，我们体验着信息时代的便捷，但想从浩如烟海的信息海洋中迅速而准确地获取自己最需要的信息也变得非常困难。起初，杨勃只是为了“想看看有多少人和自己读同样的书、看同样的碟，以及他们的评价、喜好”，而编写了一个简单的程序，这样就诞生了豆瓣网。[③] 豆瓣网一开始就不同于传统网站，它是以用户间的共同兴趣爱好作为核心的交流模式，其用户群是具有良好教育背景的都市青年。这些青年被豆瓣网独特的功能和定位吸引，流连于此，享受快捷与方便；同时，这些青年又不断丰富和完善着豆瓣网，使它更符合自己的口味，也更加与众不同。

（一）只为满足人们的一个需求

在杨勃看来，对大部分人来说，书籍、音乐、电影的选择特别

---

① 徐德力：《基于客户体验的企业微创新机制及策略探析》，《常州工学院学报》2013年第6期。

② 《2012年中国微创新高峰论坛会议内容（9）》，商界招商网（http：//www.sj998.com/html/2012-09-21/413315_9.shtml）。

③ 张林东：《一颗长势良好的豆瓣》，《上海信息化》2007年第5期。

多，这就带来一个方向，也就是需要发现和分享。每个人的口味都不一样，大家共享之后就会产生口碑传递。“所以，一开始做豆瓣不是为了做一个网站，而是满足人们的一个需求，如果对用户没用，只是新鲜是远远不够的。”发现需求、了解需求才能更好地持续创新，豆瓣的发起者发现，对多数人做选择最有效的帮助其实来自亲友和同事。随意的一两句推荐，不但传递了他们自己真实的感受，也包含了对口味的判断和随之而行的筛选。豆瓣扩大了推荐的群体，你会相信特定陌生人的推荐，这“可以理解为一种以书等具体物体为媒介的人脉关系网”，在豆瓣网，你可以通过你喜爱的东西找到志同道合者，然后通过他们找到更多的好东西。

（二）独特的“文艺范”模式

在一切都以“快”为宗旨的互联网行业，豆瓣的“慢”文化成功打造了以各种文艺青年聚合而成的“文艺范”模式。豆瓣的用户量与小组数以及豆瓣图书庞大的数据库，都是在这种慢文化的影响下积累而成的。[①] 豆瓣网一开始瞄准的就是受过高等教育的大学生、白领和知识分子，85%的用户年龄在18—35岁。他们爱读书、爱看电影、爱听音乐，热衷于参加丰富多彩的活动，共同的兴趣话题可以让他们迅速地聚合成一个小圈子，进而发生关注和之后的互动。“豆瓣小组”就是用户自制内容和虚拟交往，既满足了年轻人张扬个性的需求，也使他们可以迅速在网站上找到同类，得到认同。这种沟通和参与能让有着共同兴趣和爱好的用户在网络上建立起一个人际网，形成一个稳定的群体。豆瓣凭借其独特的文化氛围和对用户之间关系的经营和培养，建立起了用户的忠诚度。[②]

（三）独到的书、影、音评论

豆瓣网之所以成为青年人的集聚地，就是因为用户可以个性地、自由地对自己喜欢的书籍、电影、音乐发表评价。豆瓣网在“自我

---

① 陈芬：《豆瓣：小清新的商业路》，《中国经济信息》2013年第12期。

② 陈丽菲、施隽南：《成功的“豆瓣”营销模式》，《编辑学刊》2011年第2期。

说明”中指出：豆瓣没有编辑写手，没有特约文章，没有600行的首页和跳动的最新专题；豆瓣的藏书甚至没有强加给你的“标准分类”；这里所有的内容、分类、筛选、排序都由和你一样的成员产生和决定。这样一个平台给读者带来自由、舒畅的氛围，而这些独到的书评、影评及乐评是青年人能够最直接地获取的最感兴趣的内容。同时，这些年轻人又乐于把自己的感受分享出去，不仅有积极的、赞扬的，也有批评的意见，为人们提供多角度、多元化的视角，展示更真实的水准。[①] 现在，很多人习惯在听说一本书或一部电影后，先去“豆瓣网”上看看其他用户对它的评价，参考“豆瓣网”评论而购买商品。[②] 这种互动与交流为豆瓣网赢得了广泛的关注度。

（四）开启阅读分享新时代

豆瓣网的与众不同就是抓住机会，不断地进行微创新。在文学市场上，中短篇小说的发表渠道一向相对匮乏，以至于许多中短篇作品写完无处发表就放入抽屉，成了“抽屉作品”。豆瓣网瞄准了这项空白市场。2012 年 5 月 7 日，在浓浓的文艺气息和“书香”中，豆瓣阅读正式上线。豆瓣阅读在内容上另辟蹊径，专注于中短篇幅的“抽屉式”文章，定位于高质量数字阅读[③]，并且豆瓣网直接做起了数字阅读的出版方，这种“自出版”模式打破了传统出版固有的格局，直接建立“读者—电子书平台—作者”的运营模式，在写作者和阅读者之间建立起一个桥梁，不仅缩短了出版周期，还节约了经济成本，使豆瓣阅读一上线就立刻抢占了文艺青年的阅读市场。[④] 而由用户自由撰写的评论、推荐和分享也不断地吸引着新

---

① 林云、冯钊：《数字阅读环境下的国内书评网站——以豆瓣网为例》，《图书馆研究》2014 年第 3 期。

② 黄晨、聂竹明：《Web 2.0 时代完善网络教育评价的思考——来自“豆瓣网”的启示》，《现代教育技术》2013 年第 4 期。

③ 关崇威：《文艺范儿》，《新经济》2013 年第 12 期。

④ 李红澄、杨霞：《豆瓣阅读“自出版”的特点及发展前景探析》，《出版广角》2015 年第 3 期。

的用户参与阅读和创作。依靠其完全自助的投稿系统和排版系统，如今的豆瓣阅读不仅成为作者自出版的创作平台，也为出版社的电子书销售提供了一个新的渠道。[①] 可以说，豆瓣阅读是集图书付费下载与推送于一身的先行者，为读者制造了读与购同步完成的便捷式阅读体验，开启了阅读分享的新时代。

（五）广告也喜欢

豆瓣最初几乎没有广告业务，它盈利的模式主要靠灵活的用户连接，通过产品的价格比较系统，点击购买，交易完成后，豆瓣按约定的比例分成。2006 年，创办人杨勃说豆瓣网上每 10 次的点击就产生一次购买行为。这种能力在互联网行业是出类拔萃的。豆瓣准确的细分市场和庞大的客户群，可以为客户提供定向的物品推荐，这对于需要长期建立和维护品牌形象的广告商来说是极具吸引力的。2011 年，豆瓣广告平台上线，但却有着较高的门槛。进入豆瓣的广告都需要向豆瓣自身的风格和特色靠拢。豆瓣严格将搜索结果与广告内容进行了区隔，广告商也无法通过付费来影响左侧的搜索结果。对于豆瓣上出现的关于广告主的负面言论，豆瓣也不建议使用“删帖”这种简单粗暴的处理方式去剥夺用户的话语权。豆瓣还力图把这些广告做出可看性，所有的广告都具有交互的性质，使发送者和接受者在沟通中能实现即时的双向沟通，受众成为主动的信息寻求者，自然形成一种更能满足顾客需求的定制化服务。对于高端品牌广告，豆瓣给网友描述的可能是很多人向往的一种生活方式或者是引起大家内心的情感共鸣。豆瓣努力在传播品牌精神的同时，唤起对企业文化和产品符号的认同，形成了极具艺术性的表现形式。豆瓣上播出的广告甚至能获得广告大奖。豆瓣创始人杨勃曾做过一个调查，豆瓣所有的功能里面，你最喜欢哪些？其中，排在前几名的居然有广告。[②]

---

① 高笛：《豆瓣阅读：走在印刷机之前》，《出版人》2015 年第 1 期。

② 陈芬：《豆瓣：小清新的商业路》，《中国经济信息》2013 年第 12 期。

二 极致的用户服务

在豆瓣的设计和发展过程中，以“读者为中心”的构建理念贯穿始终，而这种理念不仅仅表现在为用户提供便捷的使用服务，其核心内容建设和独特的传播方式也完全依赖用户，充分维护用户的思想和行为。可以说，豆瓣网持续的创新主要就是用户服务模式微创新，这种个性化的用户服务让网民参与其中，也乐在其中。同时，豆瓣还从海量用户的行为中挖掘和创造新的价值，并通过多种方式返还给用户。

（一）个性化的分类给用户最需要的推荐

豆瓣运用 Tag 分类模式，用户可以用任意关键字进行信息创建和分类，这种个性化的便捷分类方法很好地表达了用户自身的风格、感情和特色。相比于传统的“标题”分类模式，这是极大的进步和创新。因为每件事物都有很多属性，而 Tag 侧重标记事物之间的关联性，这样，一件事物被标注过后，马上就会出现相同属性的事物，用户能在相关的事物中找到自己需要的。同时，创作者还可以通过标签功能将自己的内容和不相识的朋友分享。豆瓣网对书籍、音乐和电影通过“想/在/读”等明确的分类，让用户在看到任何感兴趣的内容时都可以点击加入所属系列，根据用户的标签，豆瓣系统会生成一份最符合用户喜好的数据清单，再通过“豆瓣猜”这一个性化的推荐机制，给用户推荐可能感兴趣的书籍、音乐或电影。用户添加到清单的内容越多，豆瓣推荐的就越符合心意，用户也就会越来越多地发现许多口味类似但从未听说过的新鲜内容。①

（二）帮助用户建立基于兴趣的人脉关系网

豆瓣网的进入门槛低，不注册也能够浏览社区内容，这充分体现了互联网的共享精神，用户之间形成一种平等互动的关系，进而在豆瓣上建立新的消息圈和交际网。豆瓣在提供服务的过程中注重

---

① 张楚怡：《Web 2.0 时代豆瓣网文化研究》，硕士学位论文，陕西师范大学，2014 年，第 14 页。

个人选择，从用户编辑过的历史记录就可以推算出该用户的大致口味，并根据显示的信息不断挖掘符合其兴趣的物品，帮助用户找到有着相同兴趣的朋友。用户越积极地分享和收藏事物，就越能找到兴趣相近的朋友，而更多的朋友的加入又让用户可以分享和收藏更多美好的事物，经过这样一段时间的筛选，聚合到用户交际圈的就是志同道合者。[①] 杨勃将豆瓣的核心思想总结为“可以发现不同的东西，并且适合自己”，豆瓣扩大了推荐的群体，这“可以理解为一种以书等具体物体为媒介的人脉关系网”。

（三）鼓励用户自主发布、创造内容

豆瓣以“为生活提供发现”为宗旨，创新性地使用和鼓励用户自主生产内容。在豆瓣网，你很少看到广告，内容的分类、排序都由用户自己决定，用户界面也完全是用户根据自身兴趣和习惯自由拖动、摆放，甚至用户可以个性化地创建和添加豆瓣网本身的条目。在这里，每一个用户都拥有更多的话语权和更加自由的空间，他们不再是对信息被动地接收、解读，而是能够自主、自组织地建立更贴合自身定位和需要的平台，这就相当于用户为自己建立了一座个性化的“图书馆”，让每位用户对自己的文化生活进行自我管理。[②] 这种平等的氛围和用户高度的参与性，加速了豆瓣网的发展和成长。

豆瓣网在为用户营造清新、文艺的文化氛围，不断吸引更多的用户阅读、欣赏文化作品的同时，也鼓励用户写下自己的感受，形成独特的书评、影评和乐评，还可以对任何一项书籍、影视、音乐条目进行推荐和打分，为自己喜爱的艺术家建立图片库等。豆瓣不鼓励灌水，不鼓励转载，没有通常社区网站为增加访问量而设的积分和升级系统。对此，杨勃曾解释说：“主要觉得这并不是核心的东西，我们不希望用户是为了积分而来豆瓣，更不希望他们为了积分而灌水，我们需要高质量的帖子和高素质的用户。”豆瓣网的独

---

① 王勇：《基于用户体验的豆瓣网用户活跃驱动因素研究》，硕士学位论文，北京邮电大学，2015 年，第 18 页。

② 陈丽菲、施隽南：《成功的“豆瓣”营销模式》，《编辑学刊》2011 年第 2 期。

特之处就在于它使用户不仅成为信息资源受益者，更成为主动参与者、创造贡献者。

三 案例结语

杨勃说，“豆瓣是长起来的，不是造出来的”。是的，豆瓣网自成立之日起就以自己独特的风格受到网民的爱戴，也以自己独特的方式帮助网民发现更美好的生活，成为网民生活中不可或缺的存在。它是100%的动态网站，呈现给每个注册用户的主页都是各不相同的，而同一个用户在不同时间上豆瓣，也会看到不同的首页。动态、个性，这都是豆瓣带给用户的Web 2.0体验。在“给用户带来完美体验”的核心思想下，豆瓣的任何一项功能的添加和完善都是在杨勃和网友们的互动中逐步完成的。随着互联网传播日益频繁和丰富，竞争环境加剧，豆瓣网也必将会做出新的创新举措来应对不断变化的环境。

第五章　企业促进微创新的路径

人类社会的发展历程，本质上就是一个不断创新的过程。创新不仅是国家兴旺发达的不竭动力，更是一个企业永葆生机的源泉。在知识经济时代，企业要想健康成长、持续发展，仅仅依靠那些高成本颠覆式的、耗时长久的大规模创新活动，已难以适应快速发展的市场需求以及日益激烈的企业竞争。微创新作为一种新的创新方法，正以其灵活多变且更贴近用户需求而日益成为企业发展的必然选择。虽然微创新没有现成的规律可循，但是我们可以借鉴已经取得成功的企业微创新经验，再与企业自身所处的环境和自身的特点相结合，寻找适合企业自身的微创新路径，从而提高企业微创新的成功率。本章结合案例从总体上分析企业促进微创新的路径，为企业的创新管理提供参考。

第一节　强化促进微创新的基础

微创新是根据用户的需求随机应变，在很多关键技术上提供更加灵活实际的、多方面的产品开发或者服务思路，它可能发生在企业经营的方方面面，而且适用于不同规模的企业。为了提高微创新的效率和水平，必须从培养微创新的思考理念、培育和激发企业家精神、善于利用外在有利因素、着力克服内在不利因素等方面来强化促进微创新的基础。

一 重视培养微创新思考理念

强化促进企业微创新的基础首先应该在企业内部培养微创新的思考理念。总体来说，微创新思考理念包括以客户为中心、“框架之内”思考、避“热”趋“冷”、持续不间断等。

（一）以客户为中心

企业的微创新就是永远要把用户体验放在第一位，秉承为用户解决问题的思路，去聆听用户，甚至把自己当作典型消费者，对用户新的需求做出快速反应。在不断的体验中找到自己产品的不足，不断改进，不断试错，这样就能使企业获得较全面的数据，生产出满足消费者需要的产品和服务，为用户创造价值，迅速占领市场。创建豆瓣网的杨勃就是把自己当作典型的消费者，不断体验产品，亲自感受客户最需要怎样的产品和服务，通过和客户的交流，了解客户的想法，找到客户对现有产品最不满意的地方，迅速改进，不断突破和创新。

（二）“框架之内”思考

最具有新意的想法往往就在我们眼前，在我们已拥有的产品、服务中，在我们已熟悉的环境中。[①] 企业一定要结合自己内部的能力和资源情况进行微创新，突破惯性思维，换个视角思考问题，也就是要设身处地站在消费者的角度去思考和逐步改进产品，有的甚至只能算是从复杂应用中移植并转换部分功能的简单应用，但它们却有“以小博大、以弱胜强”的大智慧，具有杠杆撬动地球的威力，而企业也不致伤筋动骨。[②] 三全食品的发展就很好地利用了“框架之内思考”的原则，从使用小酒杯扣挖馅料到借用大力丸的制作工艺实现汤圆馅料的标准化，再到自制汤圆、水饺设备，建造立体冷库等，三全不断地在拥有的产品中、在熟悉的环境中寻找办法，积极地改变、创新，又不断在积累中突破、发展。

---

① ［美］德鲁·博迪、雅各布·戈登堡：《微创新——5 种微小改变创造伟大产品》，钟莉婷译，中信出版社 2014 年版，第 6 页。

② 王寅：《微创新现商机》，《中国报道》2013 年第 5 期。

（三）避“热”趋“冷”

企业在进行微创新时，要积极开发空白市场，寻找“冷门”，避开“热点”。不要与强者在“热点”进行硬碰硬的直接竞争，要选择被其忽略或者不愿做的业务范围，发现新需求，开辟新市场，形成自己独特的竞争优势，或者利用消费者期望与现实的差距，找到对手的弱点，开发性能独特或专门化的产品满足顾客需要。[①] 小米科技就是依靠其独特的定位，立志做一款“发烧友”爱好的手机，不断采取差异化策略，形成自己独特的竞争优势，在激烈的市场竞争中使小米手机迅速脱颖而出，占领了市场，实现了小米从蚂蚁到大象的转变。

（四）持续不间断

消费者的需求是具有周期性和连续性的，因此，企业需要持续进行微创新。培养员工的微创新思维，建立持续的微创新文化，首先要使员工认识到微创新不一定是技术上的重大改变，只要能在某一方面有单点突破，满足用户需求，就能获得发展。其次，每一个员工都能进行微创新。最后，微创新的成效不能看短期成功，它随着市场竞争的激烈、市场环境的变化以及其他各种影响因素的不断变化而发展变化，企业也应该持续进行微创新以满足客户的需求，赢得客户的关注。[②]

二　培育和激发企业家精神

在微创新形成阶段，企业家在企业的微创新中扮演着重要的角色，企业家精神是诱发微创新的构思和行动的一个必要条件。企业家精神是一种综合素质，但更多的时候是指企业家在创业过程中的创业行为。其最根本的特征是“创新”，而最重要的意义是承担风

---

① 雷家骕、洪军：《技术创新管理》，机械工业出版社2012年版，第167页。

② 周青、吴云、方刚：《企业微创新的概念、特征与原则》，《科技和产业》2013年第11期。

险。[①] 随着全球化经济发展的加速，企业家不仅面临员工管理多元化，还要应对更趋激烈的市场竞争，因此，企业家的组织创新能力和谋划决策能力就显得尤为重要。企业要想在这种激烈的市场竞争中立足，就要培育和激发企业家精神。大浪淘沙，适者生存。这种激烈的市场竞争为企业家锻炼意志、更新观念、丰富经验提供了平台，同时也迫使他们主动出击，紧跟市场，不断学习，不断创新，以赢得更大的市场、更多的顾客，获取更多的利润。为了争夺和留住顾客，处在同一产业链上的企业、供应商、经销商、中介部门以及金融部门等，不断地创新产品、不断地竞争，为了资源、成本、效率等又相互合作。这种竞争与合作，不仅使懂技术、懂管理的多技能人才得以集中，同时也使资金和技术得以积聚，从而使局部规模效应得以放大。这就为企业培育、激发企业家的创新精神、冒险精神等提供了渠道。[②] 根据上述分析，培育、激发企业家精神可采取如图 5 -1 所示的途径。

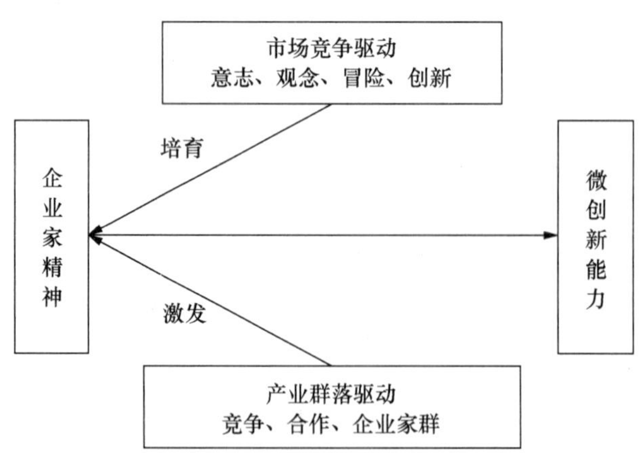

图 5 -1　培育和激发企业家精神的途径

① 伍刚：《企业家创新精神与企业成长》，博士学位论文，华中科技大学，2012 年，第 8—9 页。

② 许骏：《科技企业自主创新能力提升机理及途径研究》，博士学位论文，吉林大学，2010 年，第 113—114 页。

本书前面案例中的企业能在激烈的市场竞争中脱颖而出，无不与企业家精神有着紧密的联系。三全的创始人陈泽民在企业的发展过程中，始终目标明确，有着敏锐的洞察力，善于发现问题并积极想办法解决问题，在专注于冷冻食品的研发中，主动地去尝试改变和创新，使企业不断地得到提升。小米的创始人雷军有着睿智的大脑，能及时掌握环境的变化趋势，在变化中捕捉商机，善于合作，取长补短，提高工作效率，并为员工创造一个和谐、融洽的工作环境。豆瓣网的杨勃喜欢读书、旅游、音乐、电影，自己在乐此不疲的时候，也希望能够分享和回馈，为了让更多的人更好地发现有价值的东西，杨勃一直为自己的这个梦想努力坚持，并以自己独特的方式使豆瓣成为网民生活中不可或缺的存在。

三　善于利用外在有利因素

任何一个企业的健康快速发展都需要与外在环境有机融合起来，最大限度地利用外在有利因素。外在因素中最重要的是国家政策环境，近些年国家对创新的高度重视为企业推进微创新提供了最有利的条件，企业要抓住机会争取政府的有力支持。同时，企业还要利用信息化带来的便利，利用创新网络为推进微创新奠定基础。

（一）积极融入政策环境

创新是企业发展的基础，鼓励和不断加大对企业创新的投入是我国政府的一贯政策。习近平总书记多次强调要实施创新驱动发展战略，增强自主创新能力。李克强总理在2015年《政府工作报告》中强调要使“草根”创新蔚然成风、遍地开花。2012年国务院办公厅出台了《关于强化企业技术创新主体地位全面提升企业创新能力的意见》，明确指出要进一步完善引导企业加大技术创新投入机制，加大对企业技术创新的融资支持，继续实施科技型中小企业创业投资引导基金、新兴产业创投计划、中小企业创新能力建设计划和中小企业信息化推进工程，强化“火炬计划”、“星火计划”、国家重点新产品计划对中小企业产品和技术创新的政策引导作用，引导和支持企业创新创业。[①] 2015 年 3 月中共中央、国务院印发《关于深化体制机制改革加快实施创新驱动发展战略的若干意见》，2015 年 6 月国务院出台《关于大力推进大众创业万众创新若干政策措施的意见》（国发〔2015〕32 号）。这些政策的出台为企业创新提供了非常有利的环境。因此，企业要充分依靠政府的支持，利用有利的政策因素推动微创新。

（二）充分利用创新网络

现在是网络信息技术高度发达的时代，企业要充分利用网络信息技术，提高获取各种资源的效率，加强与各行业主体的联系，从而形成一个有效的经济网络。在这个网络中，企业之间要强化合作意识，通过专业化分工、共同营销等形式达成有效的创新合作。这种创新合作网络如图 5－2 所示。[②]

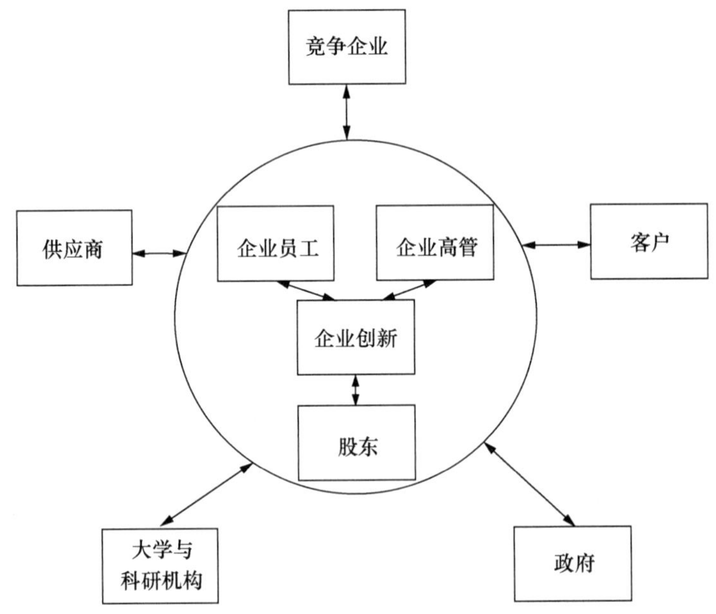

图 5－2　企业创新合作网络

① 冯克亮：《中小企业创新发展的路径选择》，《中国集体经济》2013 年第 25 期。
② 同上。

图5－2中，内部网络是企业员工、企业高管和股东，企业创新的外部环境则包括政府、大学与科研机构、供应商、竞争企业和客户等。技术交流可以在企业、供应商及竞争对手之间进行，相互之间交换各种有用的信息，完成知识转移。企业依据消费者对产品使用汇总的反馈意见，改进产品设计，促进新的创新活动的形成。

郑州三全在其发展壮大的过程中，就很好地利用和构建了自己的创新网络。在产品的用料上，三全和知名厂家合作，用名牌的原料打造名牌的产品，用双汇放心肉、毛庄无公害蔬菜、李锦记酱油等提高产品的内在价值。在改进设备和工艺上，三全邀请生产设备的设计单位设计出生产图纸，和国内外众多设备厂家结合，让它们按照图纸定制三全专用设备。在内部管理上，三全对员工在公司的职业生涯发展有一系列的“伴随式”培训规划，提升其专业技能及综合素质。而在和同行业企业思念的竞争中，三全更是体现出大牌气度，董事长陈泽民对思念发出豪迈邀请，“三全的大门永远对思念和李伟没有秘密”①，这种竞争与合作的关系使国内速冻食品行业得以健康地发展。

四　着力克服内在不利因素

微创新强调的是自下而上、全员参与的行为，是一种由下而上的、自组织多元化的创新，很多时候微创新主体是企业的普通员工，他们可以根据实际需要，进行全方位的探索。所以，企业内需要形成微创新的理念和良好的创新氛围，但不少企业内部存在着微创新意识不足、人才激励机制不健全、漠视政策而错失机遇、知识产权保护意识缺乏等不利于微创新的因素，必须要着力克服。

（一）微创新意识不足

一些企业由于自身的资金限制，技术也比较落后，常常凭借廉价劳动力资源优势维持生存，或者依靠对知名企业畅销产品的技术

---

① 李光谱、李金香、田秀群等：《三全食品的创新与竞争力研究——基于产业集群角度的分析》，《河南商业高等专科学校学报》2008年第3期。

模仿来谋求发展，它们大多习惯于安于现状，微创新的意识不足。同时，企业的领导者缺乏企业家精神，没有能力洞察社会文化的变迁。在市场竞争日益残酷的今天，许多产品的生产技术已不再是市场中的首要问题，谁为客户服务得周到、及时，谁就能抓住客户、满足客户的需求，也就能在市场中站稳脚跟。因此，要在企业内形成微创新的文化氛围，积极为消费者提供微创新的体验。

（二）人才激励机制不健全

由于大多数企业组织机构复杂和庞大，对员工的管理过于程序化、统一化，过多的控制和干预使员工的积极性得不到充分的发挥。而有些企业注重眼前利益，没有长远的规划，不愿意提高有经验有技术的高素质人员的薪酬，导致人才缺乏；员工大多技术水平不高，企业又不愿意拿出资金进行员工培训，使企业不能产生内在动力，员工的创新精神不能得到有效的激发。企业一定要转变对员工的雇佣观念，建立和完善人才激励机制，给员工提供必要的知识、信息等多方面的支持，积极引导和配合员工进行微创新活动。

（三）漠视政策而错失机遇

企业是国民经济的组成部分，其一切经济活动都离不开国家相关政策的支持，因此，企业一定要紧跟国家形势，深入学习国家政策。一些企业对国家的政策反应较慢，它们甚至觉得国家出台的一些政策不会适用于自身，不能正确地理解大形势，不能抓住一些好的时机，从而丧失掉了一些宝贵的发展机会。因此，企业必须要深入学习国家政策，充分发掘和利用政策机遇。

（四）知识产权保护意识缺乏

一方面，政府的政策引导和激励机制还不够完善。假冒伪劣产品蔓延，而对此的惩治力度不够，这样就导致企业创新收益得不到保障，在一定程度上也遏制了企业的创新动力。另一方面，企业对知识产权保护意识不足。微创新更多的是基于应用的创新，其创新主体是普通员工，很难避免泄露，也容易被竞争对手模仿。因此，对于员工的微创新要考虑申请专利，提高被模仿的门槛和代价。

第二节　加强微创新的分类实施

“微创新”是以较少的投入获得较大的收益，它强调的是技术的应用，而不强调技术上有重大突破。对于企业来说，微创新是一种创新的方式，更是一种生存的策略，企业需要结合产品和服务、商业模式、管理机制等层面的特点有针对性地强化微创新的实施。

一　促进产品和服务微创新

美国管理学家玛丽·福莱特认为，获取利润的唯一途径，就是给客户提供他们认为有价值并情愿为此而付出的东西。她曾说过：“在某一时间里，客户的所见、所想、所需及他们所信任的就决定了你的产品劳务是否有价值。”对于企业来说，促进产品和服务微创新，意味着突破原来的思维模式，以积极的态度接近客户、理解客户的生活方式，组织参与客户生活的日常性活动，在参与中获取客户的更多信息，并把这些客户需求的信息通过产品表现出来。[①]第三章分析了技术型微创新、功能型微创新、外观型微创新、整合型微创新和服务型微创新五种产品和服务微创新类型。无论哪种微创新类型都是强调用户至上，强调对用户体验的关注和改进，通过对产品的微小持续的改变打动用户的心。在结合五种微创新类型推进产品和服务微创新时，应重视以下三方面。

（一）从产品导向升级到客户导向

促进产品和服务微创新，就是引导企业在进行产品微创新时从产品导向升级到客户导向，把销售的内容扩大到产品之外、服务之中。在产品极为丰富的今天，要让客户记住自己的产品，就要把客户看作是价值共享的当事人，而不是经济交易中的猎取对象。这就

---

① 赵文明、黄成儒：《百年管理思想精要》，中华工商联合出版社2003年版，第27页。

意味着动态的组织目标是构建和谐的客户关系，而不仅仅是生产产品。三全食品为了方便客户，真心成全百姓的生活，一次次地把自己企业的目标定位逐步升级，从“中华汤圆王”到“速冻食品专家”再到“餐桌美食供应商领导者”，一路走来，我们看到的是三全产品和服务的不断丰富，而其本质是三全“以客户为中心”的对消费者细致入微的关怀。强生和宝洁两家公司用最先进的营销理念来更新自身的服务，在网络营销内容中加入更广阔的生活内容，针对目标消费群体的生活需求撰写相关内容。强生网站上的育婴服务等表现了关心孩子健康成长、关心亲子关系等品牌核心概念，宝洁网站内各种服务周到的体验内容、最新时尚的内容介绍等也和人们的日常生活息息相关，让人感到它们销售的不仅是产品，更是一种专业知识和服务，增加了消费者对该品牌的信任和好感。

（二）洞察和顺应社会文化趋势

促进产品和服务微创新，就是企业要洞察和顺应社会文化趋势。现代社会人们渴望使用代表他们品位的产品来表现个性，对那些与他们的想法有关的产品常常表现出强烈兴趣。因此，企业要保持与客户的长期个性化沟通，迎合甚至适度超前引领社会变化的趋势，创造差异化和个性化的产品和服务，不断为消费者提供微创新的体验，拉近顾客与企业产品和服务的距离，实现企业长期稳定发展。水井坊观察到中国“面子文化”在请客送礼时普遍存在，高端白酒的奢侈化趋势明显，导致高端白酒“越贵越好卖”。于是，水井坊酒在推出时就抢占高端白酒制高点，以一个脱胎于中低端白酒厂家的新品牌，定价一度凌驾于茅台、五粮液之上，宣称自己是“中国白酒第一坊”，并暗示自己是中国最贵的酒，带给消费者奢侈的体验，从而快速站稳脚跟，成为新兴高端白酒代表品牌之一。[①] 豆瓣网从诞生的第一天起，杨勃就把它定位为“萝卜白菜，各有所爱”。他希望不管是主流、非主流的书，都能在豆瓣找到有共同爱好的

---

① 蒋文剑：《微创新撬动大体验》，《销售与市场》（管理版）2012 年第 12 期。

人。在这个平台上，志趣相投的网友被聚集到一起，产生互动，建立物以类聚、人以群分的圈子。豆瓣网的存在满足了特定群体的表达欲望和传播需求，独特而个性化的书、影、音评论让豆瓣占据了他们的生存空间，并不断拓展。

（三）从“冷门”入手寻找突破

强化客户定位，要善于从“冷门”入手寻找突破。微创新是从客户体验出发的创新，更多、更好地和客户交流，从客户需求入手寻求突破是形成微创新方案的根本。周鸿祎曾说，改变市场格局的产品微创新，一定是从冷门开始，从大公司不注意的角落开始。[①]因此，企业首先要明确自身能力和资源状况，确保自己掌握的资源与市场需求相适应；其次就是要密切关注市场，勇于实践，主动出击，把自己当作典型顾客，观察市场上被大公司所忽略的细微之处，获取准确而细致的用户需求，及时、有效地为潜在顾客提供满意的商品或服务，形成其独立的生存和发展空间。小米科技就是从“冷门”入手，立志做一款“发烧友”爱好的手机，不断采取差异化策略，在激烈的市场竞争中使小米手机迅速脱颖而出，占领了市场，实现了小米从蚂蚁到大象的转变。2012 年 5 月，“豆瓣阅读”在豆瓣网正式上线，在当时，移动阅读已经不是一个新鲜的概念，除了手机新闻客户端，盛大文学、三大电信公司的移动阅读基地和亚马逊都是这一领域的巨头。豆瓣阅读在众多的竞争包围下另辟蹊径，专注于在当时市场上发表渠道相对匮乏的中短篇幅的“抽屉式”文章，颠覆了移动阅读的概念，成功突围，找到了适合自己发展的出路。[②]

二　拓展商业模式微创新

商业模式微创新更加注重根据客户需求来思考企业的行为，它的视角更为外向和开放，致力于为客户创造价值。它更具有系统

① 转引自张伯崻《微创新的 10 个源头主线》，《销售与市场》（渠道版）2013 年第 4 期。

② 关崇威：《文艺范儿》，《新经济》2013 年第 12 期。

性，常常伴随着产品、工艺或者组织的改变。[①] 第三章分析了定位型微创新、渠道型微创新和营销型微创新等商业模式微创新类型。这些类型为我们在产品和服务定位、销售渠道、营销环节等方面进行微创新提供了思路，在借鉴这些思路的同时，还要重视利用外包、众包来拓展商业模式。

（一）业务外包，借助专业化力量提高生产效率

实行业务外包对企业实施成功的供应链管理是行之有效的，业务外包调动了知识和革新的力量，使现代商业结构发生了根本性的变化，使我们周围，也使世界各地一下子出现了许多新的经商方式。业务外包的目标是在于通过获得最佳的伙伴，并围绕着这种伙伴关系而建立一种管理体系，而不是要致力于获得最有利的交易。企业微创新的成功者已经学会把精力集中在使他们能够真正区别于竞争对手的知识和技能上，集中在经过仔细挑选的少数核心本领上。通过把一些重要的但非核心的业务交给公司外面的专家去做，自己能集中精力将企业的整个运作提高到越来越高的水准。这种把多家企业最优秀的人才集中起来为我所用的概念正是业务外包的核心。它依靠的不是领先的技术，而是一种观念、一种商业模式。例如，周建成在 1995 年创办美特斯邦威时，仅仅是温州服装市场的普通个体户，但他执着于创新，不走寻常路，开始了自己独特的虚拟经营，迅速成为国内颇具影响和特色的休闲服饰企业。他与浙江、广东等地的众多家服装生产企业建立长期合作关系，为美特斯邦威服装定牌生产。同时，他通过“共担风险、实现双赢”在全国许多城市招募加盟商，用特许经营模式建立销售渠道，建立美特斯邦威专卖店，把销售环节也外包出去，成功地实现了把企业做大做强的愿望。[②]

---

① 雷家骕、洪军：《技术创新管理》，机械工业出版社 2012 年版，第 157 页。

② 徐世伟：《草根企业的虚拟经营与信息化建设——“美特斯邦威”和“谭木匠”发展的共性分析》，《经营管理》2007 年第 12 期。

（二）利用众包，构建差异化的竞争优势

企业利用众包是一种新型的发展潜力巨大的商业模式微创新。众包是由消费者参与新产品开发和设计的创新，是以用户为中心的创新，这些用户往往是产品的领先使用者或领先用户，他们具有一定的专业技术能力或相关知识，能积极参与新产品的设计与开发。众包的产生使得传统上企业内部提供的服务被外部化，信息技术的发展为众包提供了技术条件，使得产品和服务的提供者和使用者之间的咨询不用面对面地进行。而随着人们更注重个性化的发展，人们对于产品的需求也越来越具有很大的差异性，即使同一个消费者，在不同时期，面对不同的产品，其需求也是不一样的。这种差异化、多样化的客户需求也为众包的产生提供了市场条件。网络资源的丰盛、网络平台的发展也使互联网用户急剧上升，网络力量日益强大，为企业破解难题提供了源源不断的解决者，这也为众包的产生提供了人才条件。这些在广大人群中发现和使用的人才可以使企业极大地降低创新的生产成本，同时带来意想不到的创意，提升市场核心竞争力。①

众包与外包存在根本的区别。外包又称资源外包，一般认为它是指企业整合利用其外部最优秀的专业化资源，从而达到降低成本、提高效率、充分发挥自身核心竞争力和增强企业对环境的应变能力的一种经营管理模式。众包是指一个公司或机构把过去由员工执行的工作任务，以自由自愿的形式外包给非特定的（而且通常是大型的）大众网络的做法。外包是社会专业化分工的必然结果，是专业化作用下规模经济的产物；而众包，则受益于社会差异化、多样化带来的创新潜力，是更加个体的行为。它不仅能充分调动广大用户的积极性，同时还能集思广益，使外部的人力资源为企业所用，还能为企业节约大量的资金。②

---

① 刘文华、阮值华：《众包：让消费者参与创新》，《企业管理》2009 年第 7 期。

② 张晓霞：《众包与外包商业模式比较及其启示》，《商业时代》2010 年第 16 期。

小米是成功利用外包和众包进行商业模式微创新的企业。雷军将小米的成功归结为对互联网思维的应用。小米有一个很大的成本优势就是把供应商整合，生产外包。小米将手机硬件研发和制造外包给英达华、富士康，最后通过第三方物流体系配送至消费者手中，通过和这些公司的合作，使其产品成本低、效率高、整合速度快。同时，针对客户的微小需求，小米邀请数十万手机发烧友参与产品开发，集众人的创意为公司所用；小米手机搭载了基于安卓系统深入优化开发的 MIUI 系统，通过 MIUI 论坛，发烧友可以随时跟踪小米手机的开发过程，随时提出对产品的修改意见。小米的顾客由被动变成了主动，深深投入其中，自发地使用和维护小米的产品，根据共同的兴趣致力于解决问题并乐在其中。“用户定义产品”以及“软件、硬件、服务三位一体的用户体验设计”等差异化的竞争手段，使小米实现了企业的快速增长。

三　推进管理机制微创新

随着新技术的广泛应用和微创新在企业中的成长，企业必须要进行相应的人事管理与组织结构的优化和创新，以实现对企业内各种资源的合理利用，提高企业的经济效益和核心竞争力。

（一）推动建立学习型组织

本书第三章已经分析，学习型组织的要素体现着微创新的客户导向性、渐进连续性、开放协同性、草根多元性等特征，而且与转变观念、分析客户需求、鼓励试错等微创新的基础是相符的。所以说，企业要通过对组织结构进行优化和创新建立学习型组织。一是强化组织的学习文化。为组织成员提供更多的学习机会，创造适合学习的环境，同时为成员彼此分享学习成果提供条件，鼓舞成员并提供资源促使成员成为自我导向的学习者。二是将学习与工作有效地结合起来。创新需要冒险，所以要培育一种敢于试错、勇于尝试的文化。学习要与工作结合起来，重视启发性学习，重视与组织的发展愿景结合起来，将组织的愿景转化为行动，进一步深入整个工作中。三是推进组织成员成为彼此的学习资源。组织中的成员是彼此相互学习的最大资源，要善加运用，以提升组织的创新能力。在这方面可先经由成员的自我评价，以深入反思其本身的各项能力与专长，再经由组织建立成员的资源目录，帮助成员了解彼此的才能，并据而实现相互学习共同成长的目的。

学习型组织的缔造不是最终目的，重要的是通过建立迈向学习型组织的种种努力，引导出一种不断促进微创新、不断促进组织进步的新观念。为了更好地掌握消费者的需求并及时地对这些需求变化做出反应，在建立学习型组织的过程中，企业管理者应该重视“有机—适应性”组织的建设。该组织模型是一种临时性的组织，可以有效促进学习型组织的建立。它有很强的灵活性，使企业在市场需求中迅速调整、果断决策，赢得市场竞争优势。同时，它强调将最合适的人放到最合适的岗位上。由于工作越来越复杂，完成任务所需要的技能也更加多样化，围绕需要解决的问题，企业需要由各方面的专业人员组成的集体，这种根据任务而组建起来的团队或临时工作小组是有机的而不是机械的，谁能把问题解决好谁就发挥领导作用，组织内部有交叉重叠的人员，同时属于两个以上的群体，也肩负着协调各集体工作的责任。[①] 在有机—适应性组织里，工作将变得更有意义，更具专业性，也更令人满足，从而在根本上解决内部的协调问题。更可贵的是，有机—适应性组织是一种自由结构，提倡思想的自由。所以，有机—适应性组织适应于外在环境的变化，可以强化组织的学习能力和解决问题的能力，从而推进学习型组织建设。

（二）树立以人为本管理理念

当今的社会，人才是一切资源中最为重要的资源，是企业在激烈的竞争中取得胜利的关键。现代社会发展过程中，由于企业内外环境的变化，企业所面临的机遇和挑战也必定由企业员工共同面对、共同承担。因此，丰富的人才资源是企业获得市场主导权的关

① 汪罗：《本尼斯：组织发展理论创始人》，《当代电力文化》2014 年第 8 期。

键要素。树立以人为本的管理理念，首先，要充分地利用人和尊重人，加强对员工的教育和培训，开发人的潜能，使每一位员工都能以积极进取的精神去完成自己的工作。其次，要创造适合员工发展的企业环境，营造平等、宽松、民主的氛围，提升员工的职业满意度和职业成就感。最后，要实现企业和员工的共同发展。积极引导员工研究市场的新动向、新问题，大力弘扬员工的创新精神，在企业利益不断增长的同时也让员工个人追求幸福的愿望得以实现和保障。

（三）构建有效的激励机制

根据马斯洛的需求层次理论，每个人都有生理需求、安全需求、社交需求、尊重需求、自我实现需求五个层次的需求。企业领导在理解和接受了人的根本需求后，就要完善激励机制，营造一个员工想要的和谐的工作氛围。为此，企业应重点从四方面入手：一是让员工和工作相匹配。企业的员工都存在能力和需求的个体差异，作为企业的领导一定要认识到这些差异，满足他们最核心的需求，分配相匹配的工作，这样这种激励的收益将会放大。二是要鼓励员工参与具有挑战性目标的项目，并给予个性化的奖励。这样可以有效提高员工的积极性、主动性和创造性，增强员工的自信心，提高员工自发创新的能力。三是保证公平。把奖励同绩效挂钩，让员工感到他所得的报酬与他的付出是相当的。四是重视薪酬的作用。薪酬是大多数人工作的主要原因，合适的金钱奖励对于员工的努力程度非常重要。①

第三节　重视微创新的稳定发展

微创新取得明显的成效之后，企业不仅要维持和发展微创新成

① ［美］斯蒂芬·P. 罗宾斯、戴维·A. 德森佐、罗伯特·M. 沃尔特：《管理学》，李自杰、刘畅、赵众一等译，机械工业出版社2013年版，第170页。

果，在不断的微创新积累中形成自己独特的优势，还必须有企业共同的价值观和微创新理念，也就是要有独特的企业微创新文化，而这种优秀的企业文化并不是一朝一夕就能形成的，它是在组织的不断积累中产生的。

一　促进持续的微创新循环

微创新最成功之处就是时刻从客户的角度思考问题，把提升客户的满意度作为企业进行创新时最崇高的目标。对于已经形成的微创新成果，一方面，企业要时刻关注客户体验，并及时收集客户体验的信息，充分了解顾客对产品、成本、便利和沟通的需求，并针对客户的新需求进行产品内容或者模式上的改变，从而使顾客满意。另一方面，企业要运用价值评估方法对产品开发和对原有策略运用适当与否进行再次评估。对于评估结果是有价值的产品，还要根据客户反馈的信息对其细微之处进一步完善，使这些产品或者策略在运用上精益求精；对于评估结果是没有价值的产品，要果断地放弃。在不断的改进和完善中，在满足客户体验的基础上对客户满意度进行反馈，企业会得到新一轮的客户需求，以此形成一个循环系统。而无数次的微创新积累也为企业的颠覆式创新做准备。[①] 郑州三全的发展就是立足于市场和客户的需求，在工艺和设备、产品以及管理的微创新过程中，不断地积累知识、经验和技术，在一次次的改变和提高中，实现了颠覆式创新，使企业由一个传统的劳动密集型企业成为引领行业标准的起草者和餐桌美食供应商领导者。

二　打造独特的微创新文化

在这个瞬息万变的现代社会，企业竞争的核心是企业文化。企业文化是影响企业长期经营业绩的关键因素。努力打造独特的微创新文化，对于提升产品竞争力、增强企业内部的凝聚力，有着重要作用。

作为企业文化核心的思想观念，它是企业内部成员思维和行为

---

①　徐德力：《基于客户体验的企业微创新机制及策略探析》，《常州工学院学报》2013 年第 6 期。

方式的决定性因素，可以激发员工士气，有利于发掘企业的潜能。因此，首先，在企业内部要形成微创新思维的氛围。从细节入手，通过变换视角，轻破微调，逐渐改变事物发展进程。奇虎360董事长周鸿祎先生曾说过："你的产品可以不完美，但是只要能打动用户心里最甜的那个点，把这一个问题解决好，有时候就能四两拨千斤。"其次，要推行全员创新的观念。微创新是以企业全体人员为主体的全员性创新，企业家要尊重员工、依靠员工、激励员工，让员工以主人翁的态度投身到企业的创新和发展中。最后，要树立以"客户为中心"的观念。在生产过程中，员工不能仅仅满足生产出合格产品，而应精雕细琢、精益求精，使所有产品达到最佳效果，让用户无可挑剔，提高客户的满意度，培养产品忠实的客户群。

优秀的企业文化是通过员工展示和表现出来的。健康向上、同心同德的员工形象必将使企业健康有序、生生不息。因此，打造独特的企业微创新文化，企业还要塑造员工的形象。首先，要重视人才、培养人才，充分发挥人的积极性、主动性和创造性，并通过系统的培训和学习使其保持和获得持续的创新能力，从而以高素质的形象参与企业的各项生产经营活动。其次，要培育团队精神。团队精神能够凝聚分散的能量，营造和谐的工作氛围。现代社会的发展，单单依靠个人的聪明才智是不可能有效地完成任务的，只有在一个组织内的群体相互作用、相互启发，才能产生较理想的创新效果。最后，要培育员工的开拓进取精神和冒险精神。鼓励员工勇于超越自我，不怕出错，为员工创造一个宽松的环境，使他们在思想上能变得积极而活跃，既不能因循守旧地在前人走过的路上徘徊，也不能在已取得的成绩前孤芳自赏。只有不断地开拓进取，才能让企业焕发勃勃生机。

好的企业文化氛围，对增强组织的智慧、团队合作精神以及保持新鲜的活力，具有显著的作用。因此，企业必须加强企业文化建设，打造独特的企业微创新文化，让企业里有共同观念的人以一种前所未有的新思维来创造新的成果。

下篇　社会治理微创新

改革开放30多年来，我国经济快速发展，人民生活水平极大改善。同时，随着市场经济的发展以及工业化和城市化进程的加速，新的社会问题不断出现，有效的社会治理显得愈加重要。创新社会治理体制自然而然就成了全面深化改革的题中之义。各级党委政府，特别是基层党委政府在创新社会治理体制过程中，主动适应新形势新变化，积极推进社会治理微创新，创造了许多行之有效的维护群众权益的好做法、好经验。本篇内容对社会治理微创新进行分析，并结合案例归纳社会治理微创新的路径。

第六章　社会治理微创新的理解与分类

社会治理创新包括改进社会治理方式、激发社会组织活力、创新有效预防和化解社会矛盾体制、健全公共安全体系四个方面。社会治理微创新是地方党委政府立足基层实际，用微创新的理念和方式处理社会治理工作中遇到的新情况、新问题，通过问题导向，自我加压，寻找创新的路径，主要是通过流程优化强化便民服务，通过技术手段和方法的改变推动成本降低，或者是组织社会主体参与提高绩效等来提升社会治理的绩效。

第一节　社会治理微创新的理解

社会治理创新是国家治理体系和治理能力现代化的重要内容，社会治理微创新强调尊重基层首创精神，在保持社会稳定的前提下，在社会治理创新中突出客户导向性、渐进连续性、开放协同性、草根多元性等微创新的特征。

一　社会治理创新的缘起

“社会治理”替代了原来的“社会管理”的概念。社会管理在我国作为一个相对独立的概念形成于20世纪80年代初期①，中央

① 刘瑞、武少俊、王玉清：《社会发展中的宏观管理》，中国人民大学出版社2005年版，第69页。

文献最早是1998年九届全国人大一次会议上通过的《关于国务院机构改革方案的说明》，这一文件提出“把政府职能切实转变到宏观调控、社会管理和公共服务方面来”，明确地把加强社会管理作为政府职能转变的目标。社会管理是政府机构和社会组织运用法律、法规、政策等国家政治工具，直接或间接地对社会系统的组成部分、社会生活的不同领域以及社会发展的各个环节进行组织、协调、服务、监督和控制的过程。① 进入21世纪以后，社会转型与体制转轨的并存，引发了大量新的社会问题和社会事务。这种情况下，为了妥善解决社会问题，为经济社会发展创造一个稳定、健康的环境，不致因社会问题贻误发展时机，社会管理越来越得到党和政府的高度重视。2006年，党的十六届六中全会提出建立“党委领导、政府负责、社会协同、公民参与”的社会管理格局。此后，社会管理成为政府工作的重心之一，上升到与经济管理同等重要的地位。2011年2月19日，胡锦涛在省部级主要领导干部“社会管理及其创新专题研讨班”开班式上指出，要“加强和创新社会管理，扎扎实实提高社会管理科学化水平，完善党委领导、政府负责、社会协同、公众参与的社会管理格局，加强社会管理法律、体制、能力建设，维护人民群众权益，促进社会公平正义，保持社会良好秩序，建设中国特色社会主义社会管理体系，确保社会既充满活力又和谐稳定”②。这是中央领导明确提出要加强和创新社会管理。

党的十八届三中全会提出“社会治理”的概念，这是这一概念第一次在党的纲领性文件中正式使用。用“社会治理”代替原先的“社会管理”，尽管只有一字之差，但这种变化适应了时代发展的需要，为社会体制改革和创新指明了方向。“治理”作为现代意义的用语，是世界银行在20世纪80年代末提出的，20多年来越来越普遍地为各国、国际组织官方所使用，并赋予其新的内涵。1995年联

---

① 叶庆丰：《创新社会管理方式的基本思路》，《中共中央党校学报》2011年第6期。

② 胡锦涛：《扎扎实实提高社会管理科学化水平》，2011年2月19日，新华网（http://news.xinhuanet.com/politics/2011-02/19/c_121100198.htm）。

合国全球治理委员会对“治理”的定义是“诸多方式的总和”。[①]丁煌对治理的解释是：所谓“治理”，就是对合作网络的治理，它指的是为了实现和增进公共利益，政府部门和非政府部门（私营部门、第三部门或公民个人）等众多公共管理主体彼此合作，在相互依存的环境中分享公共权力，共同管理公共事物的过程。[②]“治理”一词强调的是为了实现和增进公共利益，政府部门和社会组织、企业单位、公民个人等社会主体通过合作、协商、确定共同目标等途径，实现对公共事务的管理。当然，政府在其中承担着“元治理”的角色。所以说，这一概念的提出，是对我国社会管理中政府管得过多而社会参与不足等问题的重视，适应了社会组织快速发展、社会自主管理能力大幅度提升以及公民参与意识不断提高的新情况；是强调社会治理要在党委政府主导下，党委政府、社会组织、公民等多元社会主体在相互信任的基础上，为实现公共利益就社会事务管理而协商与合作，以更好地服务民生，满足群众多样化的、更高层次的精神与物质需求。社会治理目的是从根本上确认国家与社会的关系，构建社会主义法治和谐社会，本质是提升人民福祉。

社会治理概念的提出，更体现了党中央对当前存在问题的重视。习近平总书记在《关于〈中共中央关于全面深化改革若干重要问题的决定〉的说明》中指出，“我国发展面临一系列突出问题和矛盾，前进道路上还有不少困难和问题。例如，城乡区域发展差距和居民收入差距依然较大，社会矛盾明显增多，教育、就业、社会保障、医疗、住房、生态环境、食品安全、安全生产、社会治安、执法司法等关系群众切身利益的问题较多，部分群众生活困难，等等。解决这些问题，关键在于深化改革”。[③]创新社会治理体制自然而然就成为全面深化改革的题中之义。因此，党的十八届三中全会提出，

① 魏礼群主编：《创新社会治理案例选（2014）》，社会科学文献出版社 2015 年版，第 1 页。

② 丁煌：《西方行政学理论概要》，中国人民大学出版社 2011 年版，第 334 页。

③ 习近平：《习近平谈治国理政》，外文出版社 2014 年版，第 71—72 页。

要“创新社会治理，必须着眼于维护最广大人民的根本利益，最大限度增加和谐因素，增强社会发展活力，提高社会治理水平”①，并决定把创新社会治理体制作为推进国家治理体系和治理能力现代化的重要内容，明确提出“加快形成科学有效的社会治理体制，确保社会既充满活力又和谐有序”的目标要求。

这就要求我们领会理解社会治理创新时要放在推进国家治理体系和治理能力现代化的前提下。国家治理体系在形式上体现为一系列规范体制机制的国家制度，习近平总书记指出：“国家治理体系和治理能力是一个国家制度和制度执行能力的集中体现。国家治理体系是在党领导下管理国家的制度体系，包括经济、政治、文化、社会、生态文明和党的建设等各领域体制机制、法律法规安排，也就是一整套紧密相连、相互协调的国家制度；国家治理能力则是运用国家制度管理社会各方面的能力。”② 作为国家治理体系和治理能力现代化的重要内容，十八届三中全会把社会治理体制创新概括为改进社会治理方式、激发社会组织活力、创新有效预防和化解社会矛盾体制、健全公共安全体系四方面，具有很强的战略指导性和问题针对性。各级党委政府依据中央精神，努力创新社会治理，确保社会治理以实现和维护群众权利为核心，发挥多元治理主体的作用，针对国家治理中的社会问题，完善社会福利，保障改善民生，化解社会矛盾，促进社会公平，推动社会有序和谐发展。

二　社会治理微创新的内涵

社会治理创新包括改进社会治理方式、激发社会组织活力、创新有效预防和化解社会矛盾的体制、健全公共安全体系四个方面。各级党委政府应致力于推进以下几方面的社会治理创新：一是完善社会政策，明确社会治理主体的地位，重视政府在某些领域的“退出”与责任强化；二是强化市场机制的作用，在发展社会事业和提

① 《中共中央关于全面深化改革若干重大问题的决定》，人民出版社 2013 年版，第 49 页。

② 习近平：《习近平谈治国理政》，外文出版社 2014 年版，第 91 页。

供社会服务的过程中，通过合同外包、补助等市场化、社会化工具提升社会治理的效率；三是重视社会组织的作用，鼓励支持志愿组织、社会服务机构等非营利组织的发展，充分发挥它们在社会治理中的作用，使其成为政府的重要合作伙伴；四是突出基层社区和群众在社会治理中的角色，通过各种计划、措施提升他们参与社会治理的能力，使其在社会治理中发挥重要的作用。

在上述四方面的社会治理创新中，既需要党委政府立足宏观或中观层面的“设计”，又需要有基层立足实际的“微创新”。特别是地方党委政府坚持问题导向，倡导微改革、微创新，许多部门都结合自身实际提出一些微改革、微创新项目，致力于优化办事流程、做好便民服务、破解发展难题，从而积小胜为大胜、积小成为大成，不断提升社会治理和社会服务水平。

本书在第一章指出微创新要以消费者为中心，以需求为导向，就是根据消费者需求的变化，发现一些简单的现象，通过对产品或服务进行一些改进以打动用户的心，生产能够满足消费者需求的产品或服务，并从客户导向性、渐进连续性、开放协同性、草根多元性四个方面分析了微创新的特征。

社会治理微创新的“消费者”是人民群众，目的是通过对社会治理的思维、过程以及服务方式进行改进，满足人民群众在社会福利、民生改善以及社会公平公正等方面不断增长的需求。社会治理微创新的内涵应该包括以下三个方面：

一是治理理念。社会治理微创新是以逐步改善治理效果为目标，通过在社会治理领域，特别是一些细微领域的工作业务流程优化、管理服务方式改进等，满足人民群众的需要，提升人民群众的满意度。“微创新”的理念是主动从细微处入手，见微知著，以人民群众满意为出发点，强化社会治理能力。社会治理涉及方方面面，大到社会治安、安全生产，小到社区服务、邻里互动，与人民群众的生活息息相关。社会治理的一个显著特点是纷繁复杂，基层社会治理更是如此。提升社会治理水平，不仅要在基础制度建设、基础平台建设等宏观方面着力，更需在工作流程、服务技术等中观和微观层面创新，推进社会治理精细化。[1] 所以，“微创新”的理念契合了社会治理精细化的要求。

二是治理过程。社会治理微创新并不追求对党委政府治理框架的整体变革，不改变原有职能、机构的配置，而是着力于对治理过程的创新，包括对工作流程、程序和方式等创新，实现更高效益。这些创新通过工作流程的整合，缩减工作环节，通过变被动受理为主动回应和跟踪，提高对社会问题的掌控度，并有针对性地设计社会治理过程，在保持基于法律法规的规范性和程序性基础上，重视适应性和便利性，以提升治理效率。

三是强化服务。微创新强调客户体验，就是通过高质量的服务让客户满意。社会治理微创新的重点在于通过多种便捷有效的方式，重视开放、公开、时尚，从而提供完善高效的社会服务。比如，通过分析过往的服务欠缺，邀请人民群众参与工作流程的设计、工作绩效的评估等，加强对人民群众需求的分析，重视人民群众多样化的行为选择，从而优化社会服务的内容、方式，提高人民群众的满意度。再如，通过对分布在不同领域、部门的管理和服务进行归类，整合分散的职能碎片，聚合关系到人民群众需要的管理服务部门，提供“大厅集中办理一站式服务”等新服务模式，减少群众办理事情的时间、精力等成本，从而切实改善人民群众的体验，提升满意度。

本书第一章分析的微创新四个特征在社会治理微创新中也有充分的体现。

一是客户导向性。微创新以消费者为导向，倡导贴近客户心理。它强调用户体验至上、以消费者为中心。在社会领域，随着经济的发展和信息化步伐的加快，人民群众对生活品质的追求越来越高，个性化需求日益增多。那么，在社会治理中就需要重视客户导向

---

① 曹平：《社会治理“微创新”也给力》，《人民日报》2016 年 3 月 2 日第 07 版。

性，最大限度地了解人民群众的需求和诉求，将人民群众视同商业领域中的“顾客”①，为更好地完成其追求公共利益最大化的使命，努力合理利用各种资源为人民群众提供良好服务。

二是开放协同性。微创新是强调相关方参与和反馈的开放协同式创新。参与公共管理活动的各个组织，无论是公共组织还是私人组织，都不拥有独立解决一切问题所需要的充足知识和资源，它们必须相互依赖，进行谈判和交易，在实现共同目标的过程中实现各自的目的。② 社会治理需要从传统官本位的思维向合作的思维转变，向企业事业单位、社区、公众开放，利用多元化治理主体的协同合作实现有效的治理。

三是草根多元性。微创新强调根据实际需要，进行全方位的探索，是参与过程的个体根据用户客体的需要自发进行的探索创新，是个体发起的百花齐放式的创新。社会治理需要利用多元化的治理主体，特别需要让基层群众真正参与社会治理的决策、执行和评估过程，因为社会治理的服务对象从根本上说就是基层群众。他们的广泛参与，必然可以调动其智慧和力量，从而使社会治理创新真正地惠及群众，达到理想的效果。

四是渐进连续性。微创新是一个逐步完善的探索，并不追求颠覆式的变革，而是力图在某个方面打动用户，强调在不断试错中对产品、流程、服务、管理等进行稳步改进。对于社会治理而言，渐进连续性更为重要。这里强调的渐进连续性就是要在确保社会稳定的前提下逐步推进社会治理的创新。

总之，社会治理微创新是地方党委政府立足基层实际的社会治理理念和方式的改变，尊重基层首创精神，在保持社会稳定的前提

---

① 社会治理将公众视作的“顾客”与企业经营中的“顾客”是有区别的。在社会治理中，如将群众简单视作市场消费中的顾客，似乎降低了群众作为与国家相对的权利和合法地位的拥有者的作用。所以，这里提到的“顾客”一词是将公民与政府之间关系的重要性比拟为市场中企业与顾客关系的重要性。参见［美］B. 盖伊・彼得斯《政府未来的治理模式》，吴爱明、夏宏图译，中国人民大学出版社 2013 年版，第 44 页。

② 丁煌：《西方行政学理论概要》，中国人民大学出版社 2011 年版，第 335 页。

下，用微创新的理论观点看待和处理社会治理工作中遇到的新情况、新问题。目前，许多地方党委政府积极探索，形成了一批典型的、具有品牌效应的微创新案例，社会治理工作通过“微创新”取得了突出成效。

第二节 社会治理微创新分类

社会治理微创新体现在地方党委政府在某些方面进行的微改革，以问题为导向，自我加压，寻找创新的路径，或者是通过流程优化强化便民服务，或者是通过技术手段、方法的改变降低成本，或者是通过组织社会主体的参与提高绩效等，让群众满意。例如，广东省梅州市政府在2014年4月，推出一份涉及147个项目、300余项措施的“微改革、微创新”活动项目表，包括简化审批程序、创新服务方式、完善监管平台等方面的建设，通过创新服务、整合资源、加强基建、优化流程等措施，让群众看到变化、见到成效、得到实惠，受到了广大市民的肯定和认可。[①] 下面我们从便民服务措施、技术工具改进、治理主体优化、平台构建等方面分类介绍社会治理微创新，并列举一些典型案例。

一 便民服务措施微创新

社会治理微创新强调社会治理要真正树立用户至上的价值观，重视客户导向性，最大限度地了解群众的需求和诉求。就是说，要从发现群众需求出发，针对群众不满意的地方进行不断改进探索，用好新技术新媒体，对工作流程再设计，对服务方式方法再改进，持续进行服务改良，不断改进群众在社会治理中的感官体验。在微创新类型中，便民服务措施改进就成了最主要、群众感觉最直接的

---

① 晓娟、海苑、秋霖、盛华、智跃：《一年来我市逾九成“微改革、微创新”项目已完成 年内将再推70项微改革》，《梅州日报》2015年6月10日第001版。

微创新，对提升群众满意度起到了至关重要的作用。例如，广东省梅州市住房公积金管理中心制定进城务工人员住房公积金托管实施细则，解决进城务工人员申报住房公积金难题；市残联优化《残疾人证》发放流程，方便残疾人在县级办理；市城市综合管理局提出创建天然气特色便民服务，将对社会孤、老、病、残、孕等群体专门开展上门服务。[①] 在便民服务措施改进中，服务窗口的改进是最直观的，也是各地最为重视的。服务窗口是社会治理工作流程的直观表现方式，服务窗口改进的目的是社会治理工作流程的重新建构并发挥效用，通过集成多职能部门服务的一站式大厅等实体窗口或政府网络信息化服务的虚拟窗口，直接改善群众对社会治理便民服务措施改进的感官体验，并根据受理反馈持续创新，达到持续改进的目的。

案例6－1

龙城实施微创新全方位便民[②]

一个计生证明，家门口领表格可以“预办”，有台电脑可以“网上办”，自主开发的App（Application，智能手机的第三方应用程序）可以“掌上办”，应上班族要求还可以“周末办”……这是深圳市龙岗区龙城街道在计生办证领域推出的“微改革”“微创新”举措，全方位无死角地满足了群众的要求。

记者在龙城街道行政服务大厅看到，紫薇社区的吴女士是带着一张《计生证明资料预审回执卡》前来的，不到5分钟，就领走了自己的证明材料。“我也没想到会这么快，我们社区家门口就有资料预审处，来这里完全不用等。”吴女士说。2015年开始，为了方便群众办证，街道层面下放事权到社区，推行“资料预审前置”。居民在家门口就可以进行咨询并提交相关材料，拿到《计生证明资

① 柯鸿海：《梅州以“微改革、微创新”倒逼服务型政府建设》，2014年4月22日，新浪网（http：//gd. sina. com. cn/city/gdyw/2014－04－22/095256. html）。

② 张尉心、张建国、陈晓光、弓菡：《龙城实施微创新全方位便民》，《深圳特区报》2015年6月23日第A11版。笔者对案例进行了整理。

料预审回执卡》，居民凭回执卡直接到街道行政服务大厅几分钟便可完结办理。记者了解到，在龙城街道，如今约有80%的群众选择在社区资料预审，办证效率较2014年同期提高了50.6%。

另外，2015年龙城街道还推出多项便民服务措施，包括：在深圳市率先启动计生证明办理“网上预约”服务；应上班族要求，开放周末办证窗口，街道行政服务大厅周末正常开放办证窗口，13个社区的计生窗口、B超室和统计室同时上班，为居民提供便民服务。

对辖区企业采取计生协会会员制管理，开通“办证直通车”服务，由计生协会收集职工办证需求登记，再到街道统一办理。

2014年，龙城街道计生办顺应“微改革”“微创新”的号召，首推无纸化办证试点——通过自主开发的“龙城计生”App，居民群众只需将各类证件拍照上传到网络后台，待计生办工作人员审核后发短信通知居民，居民就可凭短信到街道窗口领取计生证明。无纸化计生办证系统具有一站式、无纸化、实时短信跟踪和网上预约、高效数据库管理等特点，不仅方便群众办证，还可节约行政资源，受到了辖区广大群众的普遍点赞，群众满意率在95%以上。

龙城街道还合并再生育一胎子女审批与办理二胎孕检计生证明项目，居民只需跑一趟递材料，取材料则由快递完成；独生子女光荣证一样可以“快递办”。街道今年还专门开设了“沟通驿站”，为30多户老、弱、病、残家庭提供一站式上门服务，调解特殊案例60多宗，信访率下降了80.4%。

案例6－2

梅州实施窗口服务微创新①

2014年，广东省梅州市行政服务中心管理办和各窗口单位共50个服务窗口，大力推出“微改革、微创新”项目，让群众看变化、

① 张柯、傅江平、曾祥林：《市行政服务中心启动“微改革微创新”——50个窗口，59项便民服务》，《梅州日报》2014年3月12日第001版。笔者对案例进行了整理。

见成效、得实惠。

市行政服务中心一楼大厅的咨询台旁，一排办公桌上摆放着数台崭新台式电脑以及一沓沓网上办事大厅申办操作指南。其中，有一处“网上办事大厅自助区”，既是为了加大网上办事大厅的宣传和推广使用，提高网上办事大厅的网上办事使用率，也是通过网络申请事项、查询受理办结进度，分流部分办事群众，以减少等待时间和来回次数。工作人员告诉记者，“目前市级网上办事大厅可在线申办事项占总事项的74%，其中大多数是群众来中心窗口办理，窗口工作人员通过网上办事大厅帮群众申办”。为方便群众上传各种申报资料，管理办还在自助区配备了扫描仪等办公设备，咨询台引导员也将提供操作指导服务。

这只是市行政服务中心推行的“微改革、微创新”内容之一。“微改革、微创新”实施项目主要围绕优化办事流程、提升服务水平，以缩短办结时限，深化便民、利民、惠民服务。如环保局就提出6项实施项目，成为“微改大户”，涉及精简环评审批环节、加快并联审批改革及推进商事登记后续监督管理工作等，力争在原有已压缩办理时限50%的基础上再减少10%。

各窗口列出的“微改”事项也非常实在。市国土局推行窗口上门服务制度和窗口非工作日预约办理服务制度，优化服务；市公安局窗口将新增一台交通违法省内异地缴纳机，方便群众；市外经贸局窗口将推行容缺审批制和信任审批制，在个别材料不齐时，由申办人书面承诺先行受理承办，缩短办结时间、减少申办人来回窗口次数；市物价局窗口则对价格调节基金征收的登记申报实行即到即办，将《广东省收费许可证》的核发时限由30天压缩为15天；市房产交易中心窗口则将延伸办证服务，协助办证难业主搜集资料进行房产登记……

二　工具方法改进微创新

在社会治理中，有效地改进应用技术性工具，如利用现代信息和通信技术，建立“预警化”“信息化”的社会治理模式，将会起到事半功倍的效用。技术性工具的改进应用，可以有效地促进社会治理预警系统的建立，加强对社会信息的搜集和处理，从而对可能出现的社会问题和危机做出预测，将问题和危机消灭在萌芽状态，或及早制定应对措施，将会有力地提升社会治理绩效。例如，多地实施的技防进村入户工程，为平安建设工作奠定了坚实基础。还有利用网络将政府的社会治理职能有机整合，推进电子政务建设，建立社会运行状况监测体系，积极通过网络了解民意，问需于民、问计于民，及早发现问题、处置问题，以提高社会治理的便捷性、回应性等。所以说，技术性工具的改进对于提升社会治理绩效具有重要的作用。现在信息技术的应用在社会治理中已普遍实施，从微创新的角度主要是基层部门人员结合实际需求对一些技术工具的改进。同时，还有的仅仅是服务方法、方式方面的细微调整，这些技术改进或者方法的调整对提高办事效率、提高群众满意度起到了不可替代的作用。下面的案例就在技术工具改进和服务方式调整方面进行了微创新。

案例 6 -3

汕头公安局的技术工具微创新①

在“平安广东杯”粤警创新大赛中，汕头市公安局出自一线最基层的“微创新”，切实解决了基层公安工作最迫切的问题，有着最扎实的战斗力。源自于基层的创新项目，具有“草根性”，体现了微创新的基本特点。

1. 小型警用无人机经济实用，“花小钱办了大事”

汕头市公安局澄海分局与当地航模科技公司联合研发小型警用无人机，由四轴飞行器、遥控器和操作云台组成，搭载全球定位系

① 王清波、张雄、谢小霓：《汕头：基层“微创新”成为最扎实的战斗力》，《人民公安报》2015 年 7 月 28 日第 004 版。笔者对案例进行了整理。

统、高清摄像机和机械抓手等设备，具备高清航拍、图像实时传输、全球定位系统定点定高、失控返航、一键返航和自动降落等功能。简单地讲，其他各种无人机该有的功能它都有了，它的优势是便宜，一台机器大概四五千元，而同类的无人机动辄售价几万甚至几十万元。真正做到了“花小钱办了大事”。

因为经济实用、操作简单，澄海分局去年以来已为23个基层实战单位各配备了2架无人机，还从各单位抽调50名民警，组成无人机飞行队，经培训考核投入一线实战。

无人机在巡逻搜索、大型安保、维稳处突、侦查打击、交通管理、消防灭火等工作中发挥了重要作用。飞行队自行研发的机械抓手，能在抢险救灾中投放救生衣、食物等，在解救受灾群众过程中，发挥了突出作用。

2. 巧妙改装的消防安全体验车，直接开到巷子开展宣传

汕头市公安局潮南分局辖区内制衣业发达，小作坊遍地分布，火灾隐患多，就业人员很难集中宣传培训，消防任务突出。为了做好消防工作，该分局自主研发了消防安全体验车。体验车由小货车改造而成，外观加装一对高音喇叭，车身左右张贴宣传挂图及标志。在不足5平方米的小车厢内部，设计了烟雾、逃生、灭火三个体验区和一个警示宣传区。消防体验车由价值四五万元的小货车改装而成，加装大约两三万元的设备，总共不到10万元，但宣传车的功能该有的都有了，经济实用。

潮南分局的消防安全体验车因车体小，具有大型宣传车不具备的优势，可以直接开到小巷子里的小作坊、“家庭工厂”门前，用半个多小时就可将防火基本常识、常见消防器材用法传授给群众。潮南分局同时投入两辆车、两批宣传人员，每天走村入户，变阵风式宣传为常态化宣传。消防安全体验车为消防工作起到了突出的作用，2014年，辖区从连续多年的消防重点整治地区变为消防考核先进地区。

3. 民警研发软件，“一键转换”标准地址

根据广东省公安厅的部署，全省公安机关治安部门需将现有地址信息“二次采集”，转换成“标准地址”格式，即每条按照行政区划、乡镇街道、村居委、派出所、警务区、街路巷、门牌、小区、楼牌、单元、房间等分字段保存（即“拆分”），内容也加以规范（即“清洗”），把现有信息系统的“非结构化”地址数据结构化，从而提高系统之间地址比对碰撞的成功率，扫清系统整合的障碍。这样的“拆分”工作靠人力解决很难实现。汕头市有120万常住人口，如果组织100名民警，仅全部“拆分”这一项数据就需1年时间。

汕头市公安局户证大队民警黄艺斌勤于钻研、善于总结，在一线工作实践中，抓住关键点，找到打开问题大门的钥匙。黄艺斌是计算机专业毕业生，从事户证门牌工作近20年。他充分利用自己的特长和优势，使用C++高级编程语言，设计了56项104个可以调整的参数，研发出“一键转换”标准地址处理软件。系统连续运行24小时就完成120万条常住人口地址的处理，相当于100名民警1年的工作量。这个“微创新”产生的巨大效益不言自明。

案例6-4

“一证办”和“一体机”——珠海出入境便民服务职能化系统①

2015年上半年，广东省公安厅部署开展首届“平安广东杯”粤警创新大赛，鼓励基层公安机关和广大民警结合工作实际，开展“微改革”和“微创新”。在这次比赛中，珠海公安局将“以民为本”的理念贯穿于警务工作中，民警在工作实践中不断总结、科学创新，他们推出的微创新项目“一证办”和“一体机”，又称为出入境便民服务职能化系统，极大地提高了群众办事效率。

① 王清波、张雄、王宇声：《珠海：每项“微改革”、“微创新”都有民本情怀》，《人民公安报》2015年7月26日第001版。笔者对案例进行了整理。

2014 年，珠海出入境办证的人数达 114 万，传统的办证模式已不适应解决新情况。珠海市公安局出入境管理支队受理大队大队长谢咏接受采访时说，以前常有群众反映，在一个窗口，办证人员既要提供身份证，又要提供户口簿，还要填表格，而且证件还要复印，费时费力。“都是公安管理的证件，为什么还要提供两个?”为此，受理大队民警经反复研究，推出了“一证办”，即申请人初次申请办理出入境证件时，只需交验身份证，不用再交验户口簿，表格也由人口信息系统自动打印。这个“微创新”是民警们从银行、电信等部门得到的启发，这些部门的窗口单位办理业务，一般只需提供身份证并确认签名，身份等基本信息则由系统自动生成。

出入境受理大队民警还推出了“自助办证一体机”，办理护照、往来港澳通行证、大陆居民往来台湾通行证等相关业务，包括照相、申请表填写、指纹采集、人像比对等均可通过一台机器完成。再次签注的，“一体机”则实现了立等可取。“一证办”加“一体机”，使群众办证时间缩短 80% 以上。

三　治理主体优化微创新

在新的社会治理格局中，社会治理主体呈现多元化特点。社会治理既要发挥党委政府的领导和主导作用，又要鼓励和支持社会各方面参与，充分发挥多元主体各自应有的功能和作用，为社会力量搭建参与社会治理的平台，使多元主体良性互动，形成社会治理整体合力。社会组织具有广泛联系群众、专业化、灵活性强等优势，对社会成员的利益聚合和表达有重要作用，是提高社会治理效能的重要力量。例如，江苏省淮安市民政局向社会组织购买特殊群体精神慰藉服务，淮安市淮阴区实施治安巡防荣誉卡制度等微创新项目。而随着经济社会的发展，社区在人们生活中的地位和作用越来越重要。社区治理是实现协调邻里关系、处理社区公共事务、提供社区服务的重要路径。企业也是参与社会治理的主要力量，一些地方在引入企业参与提供社区公益服务方面做了有益尝试。例如，深圳市龙华新区构建城市商业综合体社区服务新模式，以商业综合体为社区公益服务供给方，引导商业主体践行社会责任，参与社区公益，无疑将开辟社区服务与社区公益的新“蓝海”。龙华新区积极探索以企业为主体，政府统筹与社会组织参与相结合的社区服务供给模式，以满足社区居民多元化、高端化的服务需求，力求使社区服务中心建设从政府的“独唱”变成社会参与的“大合唱”，让社会建设更具活力和生命力。[①] 各级党委政府都在进一步优化社会治理主体格局，积极探索社会组织参与社会治理创新的新路径和新方法，以群众需求为导向，鼓励和支持社会组织开展以改善民生、服务基层为重点的社会公益服务。

案例 6 –5

“一核多元”——优化社区治理架构[②]

深圳市南山区对工作流程进行优化重组，将“一核多元”社区治理模式从内在机理进行理顺重建，将“一核多元”由以前的区域化党建方式拓展为社区治理模式，从而破除以往社区管理体制不顺、定位不清、职能重叠以及社区工作人员身份、职责不明等积弊，逐步实现政府依法治理、社会自我管理和居民自主自治的良性互动。

“一核多元”实行的是“1 + 3 + N”优化社区治理架构。“1”即社区综合党委，是街道党工委领导下的基层委员会，它打破条框界线，是社区各类组织和各项工作的领导核心。“3”即社区居委会、社区工作站和社区服务中心。其中，社区居委会要“去行政化”，成为居民实现自我管理、自我教育和自我服务的基层群众自

① 郑向鹏、王敏：《龙华新区着力提升改革“含金量” 今年推出一批“微改革微创新”，让群众享有更多改革获得感》，《深圳特区报》2015 年 4 月 15 日第 A01 版。笔者对案例进行了整理。

② 《深圳推进“微创新”强化社区治理》，2014 年 5 月 4 日，大朗网（http：//sgw.dalang.gov.cn/show.asp?id = 1841）。

治组织；社区工作站是党委政府在社区的工作平台，实现“纵向到底、横向到边”的管理重心下移；社区服务中心是提供社区服务的综合平台，将采取政府购买服务的方式运作。“N”即各类社区社会组织和驻区单位。由此构建“定位清晰、各司其职、功能互补、和谐共生、共治共享”的现代社区治理结构。

案例 6－6

龙华新区“三共”模式与社会组织培育①

深圳市龙华新区在“2015 年改革计划”中推出一批“微改革”“微创新”，立足问题导向和制度创新，突出了民生需求和社会参与，着力在重点领域和关键环节改革取得新突破，让群众享有更多的改革获得感。

其中的构建“三共”城中村治理新模式，凝聚了多元治理主体，取得了突出的效果。龙华新区外来人口多，人口结构具有自身的独特性。民治办事处的西头新村是一个人口近两万的大型城中村，通过“业主自治”管好城中村小区，是民治办事处基层社会治理的新探索。因为实施业主自治，并先后将城中村治理的多项试点——群防群治塔式管理、租住人员前置核查、视频“猫眼”监控等引入小区，该村构建了“政府治理和社会自我调节、居民自治良性互动”管理格局，从一个脏、乱、差的“问题村”变成了整洁有序、管理规范的“模范村”。

通过推广“西头新村模式”等成熟社区模式，龙华新区构建了共治、共建、共融“三共”城中村综合治理新模式，将基层社会治理的典型案例在全区推广，为城中村治理提供借鉴。对此，改革计划提出，坚持党委领导、政府主导的原则，鼓励和支持社会各方参与，按照系统治理的思路，实现政府治理和社会自我调节、居民自

① 郑向鹏、王敏：《龙华新区着力提升改革“含金量”　今年推出一批“微改革微创新”，让群众享有更多改革获得感》，《深圳特区报》2015 年 4 月 15 日第 A01 版。笔者对案例进行了整理。

治良性互动。进一步有效整合社区治理资源，形成治理合力，着力改善社区治安、交通、卫生、网络和消防安全等问题，开展“三共”社区综合治理，汇聚社区治理的巨大正能量。

而为了促进社会治理，龙华新区深化社会组织培育发展又是一个亮点。2014 年，龙华新区“‘宽进、严管、强服务’社会组织培育发展新模式”在“深圳市优秀改革项目”“优秀单项改革项目”等五大奖项中三次荣登榜单，荣获“区（新区）优秀改革项目”“最佳实效性改革项目”“最显著进步改革项目”称号。龙华新区不仅成立了深圳市第一家兼具孵化和服务两项功能的区级社会组织培育平台，并且推行直接登记改革，审批时限由原来的 60 日缩短为 10 日。这项改革催生了社会组织的蓬勃发展，社会组织数量由新区成立时的 244 家上升到 430 多家，在承接政府职能、志愿者工作等领域发挥积极作用。

政策创新上，龙华新区出台的《社会组织扶持办法》是对社会组织全链条、体系化扶持的系统政策，在全国区县一级“独此一家”。为激发社会活力，龙华新区提出“向社会放权，凡是社会组织接得住、管得好的事，都要逐步转移给社会组织”，并在全市率先成立新区社会组织孵化服务中心，创新监管方式，建立全链条、系统化的政策扶持体系，鼓励社会组织做强做大。同时，通过深化承接政府职能转移和购买服务资质的社会组织目录管理方法，动态管理具备承接政府职能的社会组织名录，出台社会组织承接政府职能转移清单等微创新措施，有效地促进了社会组织作为社会治理主体的作用。

四 治理平台构建微创新

治理平台构建是社会治理创新的主要方面，特别是近些年各级政府建设的社会治理信息化平台，通过数据采集、统筹以及便捷的网络服务，对信息技术惠民应用和提高政府社会治理现代化起到了重要的作用。信息化平台尽量不打破原有的利益模式及业务流程，满足了群众（便民、惠民服务）、政府（数据采集及提高基层执政效能）以及党委（数据统筹和纵向业务督办）三方面的需求。[①] 这种信息化平台已经被广泛实施，一定程度上是国家社会治理的整体措施。我们论述的微创新主要是介绍一些地方党委政府在社会治理中结合地方实际着力建设的一些具体的更有针对性的、在某些方面有突出效果的平台构建。这些平台有些是利用物质载体，通过技术手段建设的，也有的是通过完善制度而形成的机制平台。下面我们介绍的珠海市公安局建设的微创新项目“案件办理信息公开平台”和“大型活动安保合成作战指挥平台”两个平台就是物质载体，是以技术手段为支撑的，另一个项目“三维”绩效管理机制，是通过完善制度而形成的机制平台。

案例 6－7

珠海市公安局平台微创新[②]

在“平安广东杯”粤警创新大赛中，珠海市公安局进入创新大赛复赛的项目主要是平台建设的微创新：案件办理信息公开平台、大型活动安保合成作战指挥平台、“三维”绩效管理机制。

案件办理信息公开平台：被害人及违法犯罪嫌疑人家属可在互联网或手机上查询案件办理情况，办案民警在内部办案系统录入信息自动在公布平台生成。

大型活动安保合成作战指挥平台：以警用地理信息系统为载体，整合指挥调度、人员查验、停车场管理等八个子系统，实现指挥调度可视化、身份查验电子化、信息获取实时化、交通指挥智能化和统计分析自动化。

“三维”绩效管理机制：以“关键绩效”百分制、“督查绩效”

---

① 魏礼群主编：《创新社会治理案例选（2014）》，社会科学文献出版社 2015 年版，第 116 页。

② 王清波、张雄、王宇声：《珠海：每项“微改革”、“微创新”都有民本情怀》，《人民公安报》2015 年 7 月 26 日第 001 版。笔者对案例进行了整理。

扣分制、“鼓励绩效”加分制的“三维”绩效来进行考核，找到了全面系统考核的最简便易行的钥匙。这个系统与民意测评体系结合，形成了警务活动与民意高度契合的警务决策、警务考核双机制。

案例6－8

淮安搭建维权新平台①

畅通利益表达渠道，完善诉求表达机制，是解决信访问题、化解社会矛盾的重点。江苏省淮安市在完善信访举报、投诉电话等传统诉求表达渠道的基础上，构建了信访新平台，主要是用制度形式固定“阳光信访”、“一书五长巡回接访”、社会稳定风险评估等民意表达渠道，认真对待、主动回应群众合理诉求，真心实意地予以解决，实现民意表达的多元化和便捷化、低成本和无障碍。

1. “阳光信访”畅通群众诉求渠道

通过建立阳光信访综合服务管理系统，精心打造人民来访联合接待中心和电子网络信访服务中心两大平台，形成了“信、访、网、电”四位一体工作格局。启用全国首个电子网络信访服务中心，开通电子信访服务大厅，将“信、访、网、电”各条渠道信息全部汇集到系统之中，使有形的工作力量和无形的信息资源得到有效整合，让群众无论是在“网上”还是“网下”都有地方说话。在阳光信访系统的有力督导下，全市信访事项按期办结率达96%。

2. “巡回接访”直接回应群众诉求

创新开展市级“一书五长”（政法委书记、法院院长、检察院检察长、公安局局长、司法局局长和政府法制办主任）每两月到县（区）巡回接访一次，县（区）“一书五长”每月到乡镇（街道）巡回接访一次，通过面对面、零距离地接待群众信访，受理百姓诉

① 吴秀荣、苗贵安、夏青青、田军、孙翱翔：《“微创新”打造社会治理“升级版”》，《淮安日报》2014年8月12日第B02版。笔者对案例进行了整理。

求，宣传法律知识，切实解决人民群众反映强烈的突出问题。

3. “风险评估”体现群众主动参与

构建社会稳定评估的群众参与模式，通过列席旁听、媒体公示和网络直播等方式，广泛征集社会各界的意见建议。明确重大事项应评尽评范围，推行组建工作班子、收集各方意见、预测风险等级、组织专家评审和全程跟踪的“稳评五步工作法”，建立全省首家第三方稳评机构，有效防止因决策不当引发社会矛盾。从源头上加大维护群众权益力度，努力推动被动维稳向主动维稳的转变，取得了积极显著的成效。

第七章　案例与启示——网格化社会治理

网格化社会服务管理新模式始创于北京市东城区，目前已成为统筹社会建设和社会服务管理的有效机制。2004 年，东城区创建了网格化城市管理模式；2010 年，作为全国社会管理创新综合试点区和北京市社会服务管理试点区，东城区又将网格化理念拓展延伸到社会服务管理领域①，按照“精细化管理、人性化服务、规范化运行、信息化支撑”的网格化社会服务管理目标，将现代化信息技术与传统管理方法融合兼用，将社会群众的力量与专业组织的力量协调整合。近些年，以移动互联为中心的信息化技术飞速发展，推动着社会管理的信息化；同时，在国家治理现代化的背景下，社会管理模式开始向社会治理模式转变，以政府为单一主体的自上而下模式开始向政府、社会多元主体参与的模式转变。网格化社会治理正是在这一大背景下形成并发展的。

如何理解网格化社会治理？首先要从网格的概念入手，所谓网格，是基于地理上的、全域式的、以明确管理对象为目的而进行的一种地域区块划分。网格化治理是基于网格思路，实现信息整合、运作协同和条块结合的一种现代网络系统式管理。② 网格化社会治理突出了以用户为导向、以服务为目标的社会治理理念，通过实现

---

① 魏礼群主编：《创新社会治理案例选（2014）》，社会科学文献出版社 2015 年版，第 19 页。

② 阳盛益、周超玥：《基于网格化的城乡一体化社会治理平台创新与应用》，《中共浙江省委党校学报》2015 年第 6 期。

社会资源共享与业务协同，凭借统一的一体化服务平台为城乡居民提供社会治理服务。

网格化社会治理是加强和创新社会治理中的微创新。

第一，它的治理架构并没有突破性的变革，党委政府原有职能、机构的配置并没有改变，是现有架构基础上的精细化，它是在坚持社会稳定的基础上加强和完善社会治理，体现了微创新的渐进连续性改变。

第二，它在目标上更加强化用户导向，突出公共需求，致力于提升公众的满意度，体现了微创新的用户导向性特点。

第三，它的治理主体和治理理念体现了微创新的开放协同性和草根多元性的特点。网格化社会治理采取灵活多样的人性化管理服务方式，组建囊括教育、卫生、医疗、社保和治安等各方面专职干部的公共服务队伍，并以网格为单位配备专职人员，同时强化公民参与，提高中心户和社区服务员在单元网格中的核心联络作用，形成专职干部—中心户、社区服务员—群众三级联络机制。

第四，它的治理过程综合体现了便民服务措施、工具方法改进、治理主体优化和治理平台构建等微创新类型。网格化社会治理以人民群众的需求为出发点，突出的特点就是通过便民服务措施和工具方法的改进为人民群众提供精细化的服务，并通过治理主体优化和平台构建使群众更有效地参与社会治理。

网格化社会治理创新模式目前得到了较广泛的应用，许多地方结合自身特点进行探索，使网格化服务管理体系在加强社会治理、服务人民群众和促进社会和谐中发挥了重要作用。本章主要以郑州市中原区桐柏路街道办事处为例①，对网格化社会治理的做法进行总结分析。

---

①　案例中的内容由郑州市中原区桐柏路街道办事处提供，笔者对相关内容进行了归纳整理。

第一节　郑州市中原区桐柏路街道办事处的做法

2012 年 2 月，中共郑州市委、郑州市人民政府为进一步探索新形势下做好群众工作的有效途径，加强和创新社会管理工作，为中原经济区郑州都市区建设营造稳定、有序、和谐的社会环境，出台了《关于建立“坚持依靠群众、推进工作落实”长效机制的实施意见》，组织各级机关干部深入基层一线，帮助解决实际问题。文件中明确提出探索创新群众工作的方法形式，强调形成“纵横交织、条块结合、以块为主”的网格化工作格局。自“坚持依靠群众、推进工作落实”长效机制建立以来，郑州市各县市区以网格化管理为平台，大力推动工作标准向精细化管理转变、工作方式向条块有机融合转变、工作重心向深入基层转变、工作落实向集中式督查转变，取得了明显成效。

郑州市中原区桐柏路街道办事处位于郑州市西北城乡接合部，与二七区、金水区、惠济区和高新技术产业开发区接壤，总面积 27.8 平方公里，建成区面积 7.67 平方公里，管辖 17 个社区、3 个行政村，分为 20 个二级网格和 63 个三级网格，到 2015 年年底总人口 8.39 万，是中原区面积最大、社区最多的办事处。街道党工委下设 40 个党组织，其中机关党支部 1 个、社区党委 11 个、社区党总支 6 个、农村党支部 3 个、非公有制经济党组织 19 个。辖区驻有中国机械化施工公司、河南送变电建设公司和河南第二火电建设公司等 44 个企事业单位。桐柏路街道办事处根据郑州市委、市政府的要求，以及中原区区委、区政府印发的《关于规范“坚持依靠群众、推进工作落实”长效机制的实施意见》等文件精神，结合街道实际，加强统筹，科学制定方案，完善各项制度，精心组织实施，保证了街道网格化管理工作扎实有效开展。

一　构建精细网格机构，建设数字信息平台

为推进有效的社会治理，桐柏路街道办事处首先建立了精细化的网格机构。按照“任务相当、方便管理、界定清晰”的原则，以“人、地、物、情、事、组织”为核心，科学谋划，合理划分网格。以街道为单位建立一级网格1个，街道党工委书记、办事处主任为第一责任人；划分二级网格20个，由街道班子成员担任社区（村）党支部第一书记及网格第一责任人，各社区、村主任为二级网格直接责任人；三级网格63个，由街道正式工作人员担任网格长，社区委员、民调员、社保员分别担任三级网格的网格员。将各网格管理责任明晰量化到具体人，并依靠村民组长、楼院长、辖区公共单位负责人等核心骨干，齐心协力、统筹安排，形成合力；将42个市直、区直部门下沉人员纳入网格化管理当中，上下一盘棋，共同推进社会治理工作（见图7-1）。同时，为确保网格机构工作的有效性，桐柏路街道办事处结合实际情况，制定了以“市场管理类”“社会管理类”“公共服务类”三大类为主的《桐柏路街道网格工作职责》《桐柏路街道网格巡查指南》《桐柏路街道网格化管理周例会制度》《桐柏路街道三级网格长日巡查、日走访制度》《桐柏路街道网格化管理工作培训学习制度》《桐柏路网格长队伍管理暂行办法》和《桐柏路街道网格长工作考核评分细则》等制度，把各级网格人员的工作制度化。

同时，办事处加大资金投入，建设了覆盖全辖区的数字信息平台。在办事大厅设置液晶可视触摸终端，并配备电脑和打印机等办公设备，重新布置了光纤电缆，为每个社区（村）配备了摄像头、话筒等，开通了可视可讲系统；维修更换辖区电子监控摄像头，整合了原有的数字化城市管理、社会治安综合治理信息网络资源；安排专门人员专职负责信息整理、录入和处理工作，保证了信息及时、准确、高效处理。通过硬件投入、软件配套，搭建起了街道网格化管理的基本架构，即对上联通全区乃至全市、对下覆盖整个街道三级网格的社会治理信息平台。

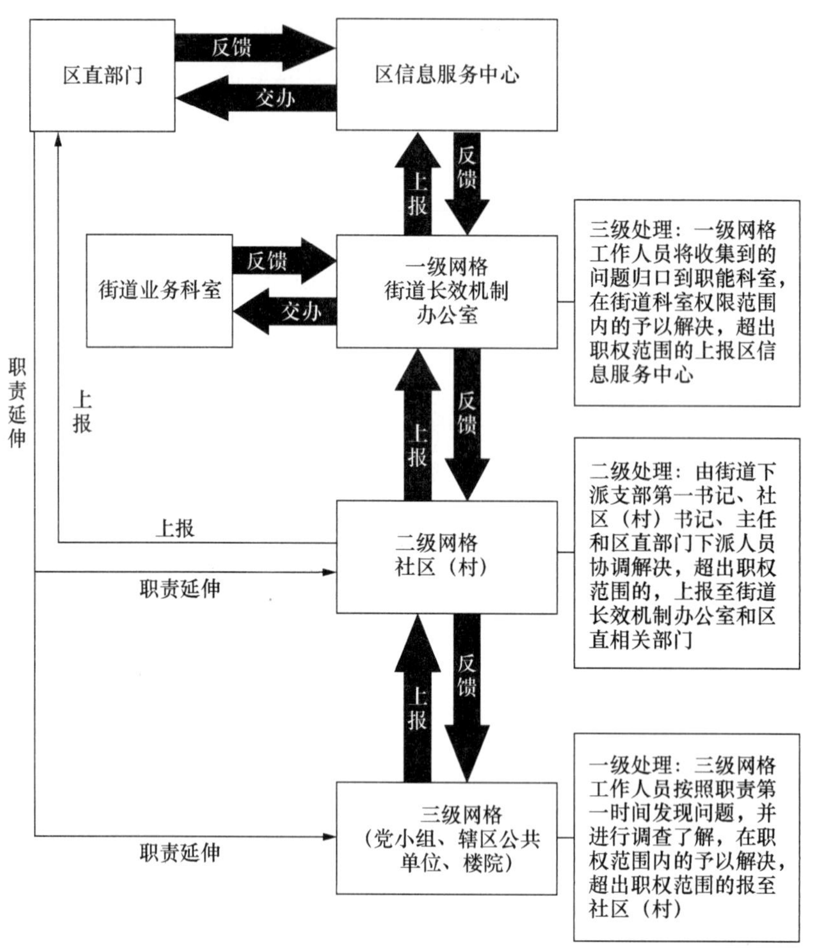

图 7－1　桐柏路街道网格化业务流程

二　精细掌握辖区情况，推进治理方式改变

网格化管理实际上就是精细化管理，要达到小事不出院落、大事不出社区的管理目的，各社区就要全面开展辖区内人口信息、公共单位、沿街门店和建筑工地等摸底工作，建网格、建立人口信息册，以翔实的基础信息为网格化管理提供先决条件。桐柏路街道办事处各级网格长按照相关职责，下沉到所在网格，持证开展摸底排

查和宣传工作，将网格内的居民楼院、沿街门店、公共单位、市政设施、出租房屋以及常住人口、流动人口、党员人数、经营商户等情况一一登记造册，切实做到人头熟、底数清和情况明。

同时，把宣传工作贯穿网格化管理工作推进全过程，积极向受访对象宣传网格化管理的目的、意义、方法、流程和操作规范等，取得群众的理解；积极宣传网格化管理工作的推进措施，取得群众的支持；积极宣传网格化管理工作的成效，取得群众的参与；积极宣传网格化管理工作的推进情况，接受群众的监督。街道办事处统一制作了网格化管理工作证，为每个网格制作了网格分布图、工作流程图、工作职责版面，并在社区办公场所或居民区张贴悬挂。在网格显著位置悬挂网格长公示牌，公布网格长照片、姓名、职务、手机号码和主要职责等内容，方便群众随时联系。街道办事处还统一制作了宣传条幅、宣传版面，发放《致辖区居民的一封信》和《致辖区商户的一封信》，制作《便民联系卡》和《民情日记本》，编发简报，在各级媒体上刊发稿件，营造了网格化管理工作的浓厚氛围。深入而广泛的宣传，不仅使辖区群众形成了“有事找网格长”的思维定式，而且推动了治理方式从“被动处置问题”到“主动发现问题、解决问题”的转变，从“事后执法”到“源头管理服务”的转变，从“突击式、运动式履行职责”到“常态化、制度化履行职责”的转变。

桐柏路街道办事处为促进网格工作更加有效开展，充分整合巡防队员、协管员、民调员、计生专干和大学生村干部等，充实基层网格力量，并制定相关管理办法和考核奖惩措施，待遇和工作贡献挂钩，充分调动了基层力量参与社会治理的热情。同时，为了加速基层力量服务网格，街道办事处每年 4 月、5 月和 6 月对基层力量进行培训，让协管力量更快地融入网格化管理的模式中，从而帮助各级网格长更好地完成工作。街道办还于 2013 年制定了社区楼栋长管理制度以及农村联户代表制度。楼栋长在自己居住的楼院村组中更了解周围情况，更容易融入居民群众，更直接得到问题反馈。这些制度有效推进了新机制触角向基层的延伸。

三　加强条块工作融合，运行“全覆盖、无缝隙”

桐柏路街道办事处重视加强社会治理的条块工作融合力度。按照“上报、交办、办理、反馈、认定、办结”六个环节，做好调配工作，对排查发现的问题及时签收和办理；对二级、三级网格长无法解决的问题及时上报，并联系职能科室和区、市职能部门联合执法解决问题，避免问题签收超时、逾期未办理的情况发生。在总结工作经验和深入调研的基础上，街道印发了《中原区桐柏路街道与市、区职能部门下沉人员条块融合对接联系表》，并定期召开下沉人员与网格长、社区负责人对接的联席会。

变条块分割为条块融合，构建基层“全覆盖、无缝隙”的网格化管理网络，在《条块融合对接联系表》中，将市、区职能部门下沉人员按照职能分配至对口街道职能科室及各个三级网格，实现在“条”的建设上，下沉人员力量、办事处力量、社区自身力量的有效融合；在“块”的融入上，使市、区职能部门下沉人员尽可能下沉至各个三级网格，与社区工作人员、三级网格长共同承担起本部门在市场监管、社区管理、公共服务中的职责。使各位下沉人员在兼顾整个街道职能相关问题的同时，也能有针对性地开展每周的例行巡查工作。在“块”的建设上，实现办事处力量、社区自身力量、警务力量的有效融合，使“条”“块”之间在相互配合解决问题的动态中实现有机融合。一是在人员融合上，与二级、三级网格长加强联系沟通，每周召开一次碰头会，三级网格长按时签到，接受社区分配的工作任务。二是在职责融合上，以“责”定权，明确主体，职能部门对自身承担的权限和任务进行全面梳理，找出职责交叉、重叠、落空的领域，确保各项重点工作能够追溯到用权主体。三是在日常工作融合上，依托三级网格，制定了“信息收集—梳理上报—建档立案—问题处理—结果反馈”五步问题处理流程。四是在源头预防融合上，组织三级网格人员从“小纠纷”调起，从“小隐患”整起，重点做好劝阻和政策宣传工作，将矛盾和问题处置在三级网格长职权范围内。

四　探索开创“爱心超市”，强化密切联系群众

桐柏路街道办事处在网格化社会治理中，积极探索新的办法，创办了中原区乃至郑州市首家依托网格化管理运行的“爱心超市”。“爱心超市”既具有扶老济困的慈善功能，又具有调动广大辖区居民参与社会管理积极性的“记工兑酬”功能，让居民群众在推进网格化管理、参与社区公益活动中得到实惠，更好地推进街道网格化管理体系建设。“爱心超市”对更好地推进网格化管理体系建设、促进网格长在网格化管理中提升服务水平、推进社区自治、提升居民参与公益活动起到了积极作用。街道办事处出台了《桐柏路街道办事处网格化管理体系建设居民公益活动积分暨爱心超市（慈善超市）管理办法》，成立了以办事处主任为组长的管理机构。办事处每月拨款10000元，购买生活必需品，同时接受辖区人大代表、政协委员和友好单位及热心人士的现金和实物捐赠。“爱心超市”实行积分制，辖区居民持有办事处统一制作的“积分册”，各级网格长根据辖区群众参加公益活动、配合入户调查、参与各项问卷调查、参加社区志愿者服务活动、发现并及时上报不安全不稳定因素、清理居民楼院垃圾、积极配合享受低保期间的年度复审、信息比对等情况进行计分。积分以年为单位进行累加，每月6—10日居民可到爱心超市进行实物兑换。“爱心超市”主要面向辖区低保、低收入困难家庭、辖区孤寡老年人、孤儿和遇到突发灾害的困难群众，还可以面向积极参与社区工作、公益性活动的热心居民和积极分子。“爱心超市”使各级网格长的“人缘”更好了、人头更熟了，网格内志愿者队伍更加壮大了、态度更积极了，组织开展的各类公益活动人气更旺了、效果更明显了，可以说“爱心超市”成了网格长与群众的“连心桥”，成了依靠群众开展工作的一大“法宝”。

桐柏路街道以化解社会矛盾、构建和谐辖区为目标，通过“网格一二三、服务点线面”特色活动，密切联系群众，谱写“鱼水之情”，真正实现“小网格服务大民生”。网格长经常接到居民的求助

电话，诸如家里电话不通、空房出租和邻里纠纷等，网格长都会想尽一切办法为居民排忧解难，使辖区内网格化管理工作的开展如同一棵参天大树，生根发芽、枝繁叶茂，谱写了一曲曲“鱼水”新歌。例如，2012 年 6 月中旬的一天凌晨，一环卫工人在路过开元社区一熟食店时，透过玻璃门发现老化的电冰箱有火苗蹿出，当她正着急不知如何处理时，突然想到了辖区网格长曾和她说，“大姐，你在咱社区工作不论发现任何问题或安全隐患，要第一时间和我联系，我的联系电话就在社区门口的网格长公示牌上”，环卫工及时和网格长取得了联系，网格长在第一时间赶赴现场的同时，也通知了商户和社区人员到场，经过近 3 个小时的断电、叫醒楼上居民、转移易燃货物等紧急处置，使这一安全隐患得以消除。事后，当消防人员了解到此事，察看现场后曾说，沿街连排的这几家商铺装修都为易燃材质，楼上有几十户熟睡的居民，一旦发生火灾，后果真是不堪设想。正是网格化有效的联系才化解了风险。

五　聚焦群众关切问题，开展专项排查治理

桐柏路街道办事处致力于打造和谐、平安、安全街道，在“三非”管理（非法经营、非法生产、非法建设）、安全生产、信访稳定、基层组织建设、公共服务以及城市管理等方面，依托网格化管理这个平台，力争上台阶、创特色。始终把实现好、维护好、发展好人民群众的根本利益作为一切工作的出发点和落脚点，聚焦于群众关切问题，多次开展专项排查治理。以 2015 年为例，突出开展了六个方面的专项排查治理。

一是开展市政公用设施安全隐患排查治理工作。全体三级网格长对街道辖区内的下水道、自来水管道、热力管道、雨水道、污水道、消防道、燃气、电力、通信、无主管道、通信和水闸等涉及的窨井盖进行了认真细致的排查。对存在的问题的市政设施，联系相关单位进行了整改。

二是开展娱乐设施安全排查工作。对辖区娱乐设施、超市儿童娱乐设施、健身器材进行排查，相关三级网格长联合社区对设施责任单位进行督促，要求其尽快对存在的问题进行整改，并定期进行回访，避免安全事故的发生。

三是开展游泳场所安全排查工作。辖区游泳场所均配备了安全救生员、专业游泳教练，并张贴了安全须知及明显标示牌。

四是开展大气污染排查整治工作。街道制定了大气污染问题信息排查分类统计表，社区（村）以统计形式明确网格长排查大气污染工作标准及方向。网格长对各自网格内环境污染直接负责，集中对网格内存在的环境污染问题进行排查，强力做好铺设围挡、铺设防尘网和垃圾清运等大气污染防治工作。

五是开展群租问题排查工作。为杜绝群租带来的系列问题，街道依托网格对群租问题开展专项综合排查行动，顺利完成群租整治专项工作任务。

六是开展消防安全排查工作。为杜绝电动车火灾事故的发生，确保辖区消防安全，依托网格管理在辖区范围内开展电动自行车火灾方案专项治理工作，排查居民小区建设电动车停放棚和智能充电装置；清理居民住宅和村民自建房门厅、楼梯间和楼道；集中排查无证生产、制假售假、非法改装行为；加强针对性消防安全的宣传教育。

第二节　网格化社会治理经验启示

近年来，桐柏路街道办事处以网格化管理为载体，大力构建“大党建、大发展、大稳定、大民生”发展格局，在社会治理上着力做好“三提升”，即提升社会和谐程度，创建省级平安街道，全力维护政治社会大局稳定；提升计生服务水平，为全区计生创国优贡献力量；提升城乡建设品位，创建优美人居环境，倾力创建全国文明城市，坚持依靠群众，推进各项工作落实。网格化社会治理取得了突出的成效，促进了街道经济社会各项事业全面协调可持续发展，确保了政治社会大局稳定。桐柏路街道近些年来招商引资成绩突出，财税实力不断壮大，街道经济社会综合实力位居郑州市街道办事处前列；信访稳定形势良好，社会大局平稳；城市管理水平进一步提升，为辖区单位和群众创造了整洁有序的生产生活环境；各项惠民政策得到落实，民生保障有效。特别是在城中村拆迁改造工作中，充分运用网格化管理平台，有效化解了各类矛盾，使网格化更加深入人心，实现了拆迁改造"一稳两快三满意"，即改造大局稳，拆迁平整快、回迁安置快，政府满意、群众满意、开发商满意，取得了良好的社会效果。桐柏路街道党工委连续多年被中原区委评为"好班子"，被郑州市委评为"五好"基层党组织。街道办事处先后荣获"第二次全国经济普查先进集体""全省农村基层党风廉政建设先进街道""省群众文化进社区活动先进单位"等近百项荣誉称号，以风和日丽社区、水晶社区和城开社区为代表的20个社区先后荣获"全国商业示范化社区""全国群众体育先进单位"等荣誉称号。2011年以来，街道经济社会综合实力在全市20强街道办事处中的排名持续稳步上升。中原区桐柏路街道办事处在网格化社会治理中取得了一定的经验。下面我们结合桐柏路街道办事处与开创网格化治理的北京市东城区①的一些做法，总结网格化社会治理的经验启示。

一 以民为本、服务导向是网格化社会治理的核心理念

网格化社会治理作为社会治理的微创新，体现了微创新的最根本特点，就是用户导向。就是说，推行网格化社会治理必须将以民为本、服务导向作为核心价值理念。如果在推行"网格化"社会治理中，只注重信息的采集，缺乏与群众的互动交流，如果仍然持有政府本位的传统观念，在社会治理中突出管理思维，那并不是真正的网格化社会治理。

---

① 本节涉及的北京市东城区"网格化"社会治理的内容，是笔者根据魏礼群主编的《创新社会治理案例选（2014）》（社会科学文献出版社2015年版）第17—29页的内容摘录整理而得。

我们党的宗旨是为人民服务，以民为本、服务导向是党和政府工作的出发点，自然是社会治理的核心。中原区桐柏路街道办事处在网格化社会治理中，建立了完善的网格化服务体系，通过调查摸清民情民意，建立起统筹兼顾、全面覆盖的管理服务体系，明确“网格化”的核心是做好群众的各项工作，建立科学有效的信息采集、监督、反馈、督办系统，做到上情下达、下情上传、渠道畅通、反馈及时，更好满足群众需求，为群众解决问题、办实事；开创“爱心超市”，聚焦群众关心问题、开展专项治理，强化密切联系群众等，都体现了基层政府为群众办事，突出了以民为本、服务导向的核心理念。开创网格化社会治理的北京市东城区，以满足居民需求为重点，打造“区域全覆盖、服务全方位”的便民服务体系，全区社会服务管理创新重点工程“一刻钟社区服务圈”建设成效显著，覆盖全区 187 个社区。通过建立网格化的社区公共服务平台，整合碎片化的社区服务资源，实现条块间的有效对接，建立高效性和高回应度的社区公共服务模式。通过不断合理调整服务圈规模，促进社区和辖区单位的共驻共建和资源共享，开展功能化、特色化服务圈的建设，发挥服务圈特色功能，满足居民个性化服务需求。在全覆盖的同时逐步实现了社区基本公共服务均等化、社区志愿互助服务经常化、社区便民利民服务社会化、社区特色服务个性化的目标。这些服务措施充分体现了服务导向，能主动帮助群众解决问题和联络感情，将提供优质高效的公共服务作为社会治理的出发点，利用网格化治理的高效性和无缝隙覆盖优势，保障社区公共服务供给的公平、有效与可及性。

二　机构合理、强化责任是网格化社会治理的实施关键

从网格化设计对我国社会治理的意义来看，最重要的实质影响在于打破因官僚层级和部门功能主义造成的条块分割、互相推诿、行政职能分散化和碎片化的局面，将事权下放，服务重心下移，构

建一个新的社会治理体系。[1] 党委政府部门在社会治理中职能的分散化直接影响着治理的效果，实施网格化社会治理就是要解决这些问题，在党委政府统一领导协调下，通过跨部门、网络化的工作机制，构建合理的网格化机构，强化跨部门协同，通过横向到边和纵向到底的贯通，为公众提供"全覆盖、无缝隙"的服务。桐柏路街道实施网格化治理，首先就是确定了精细化的网格机构，变条块分割为条块融合，构建基层"全覆盖、无缝隙"的网格化管理网络，将市、区职能部门下沉人员按照职能分配至对口街道职能科室及各个三级网格，实现在"条"的建设上，下沉人员力量、办事处力量、社区自身力量的有效融合；在"块"的融入上，使市、区职能部门人员与社区工作人员、三级网格长共同承担起本部门在市场监管、社区管理、公共服务中的职责；并制订了《桐柏路街道办事处市、区职能部门下沉人员对接表》，将 60 个职能部门、80 位下沉人员按照工作职能，分配到各个对口职能科室，并按对口职能科室领导分包分配到各个二级网格，以便各位下沉人员开展例行巡查工作。北京市东城区则构建了"三级平台（即区、街、社区三级行政体系）、四级服务管理（即区、街、社区、网格四级工作体系）"的组织体系，按照"完整性、便利性、均衡性、差异性"原则，将全区 187 个社区划分为 589 个网格，实现了社会治理的精细化和科学化。

建立合理的网格化治理机构，还必须通过建章立制来强化机构和人员的责任，确保网格化社会治理的有效运转。网格化社会治理涉及内容比较多，桐柏路办事处在推行中以转变思想为切入点，通过建立和完善制度强化责任，切实研究解决网格化运行过程中存在的实际问题，有效地推动了网格化社会治理工作的健康运行。桐柏路街道实施的制度主要有：

---

① 姜晓萍、焦艳：《从"网格化管理"到"网格化治理"的内涵式提升》，《理论探讨》2015 年第 6 期。

一是建立日碰头周例会制度。社区书记负责每天召集一次网格责任人碰头会，分析研判辖区内社情民意，协调解决重大问题。社区第一书记负责每周召开一次由基础网格责任人、区职能部门联系社区人员和群众工作队参加的联席会，明确网格和职能部门近期重点工作，并适时对社区存在的一些突出问题安排组织联合执法行动。一级网格（街道）每周召开一次工作推进会，通报工作开展情况，解决工作过程中出现的各种问题，研究下步工作推进措施；通报定期督查考核评比情况，研究确定表彰奖励处理等有关事宜。

二是建立日巡查日走访制度。基础网格责任人每天至少对责任网格开展一次全面巡查走访，对重点部位巡查，对楼院长、党员群众和志愿者走访；突出做好对非访重点人员的监控，确保第一时间全面了解掌握网格内的基本情况。

三是建立定期督查制度。街道长效办对各级网格责任人定期督查贯彻落实街道布置的各项工作，执行网格化管理的运转情况，排查各类信息是否全面、准确、及时，处置各类问题的时效与实效情况等。实行一季度一排名，年度总评比，年度评比考核与社区工作目标考核一并实施。

四是建立条块结合解决问题制度。三级网格定期巡查走访，各种渠道发现的问题随时处置，解决不了的，由二级网格协调职能部门下沉人员解决。一级网格汇总二级网格上报的无法解决的问题后，分门别类，分别交有关职能部门协调解决，并报区长效办备案。与此同时，进行双向反馈。职能部门下沉人员负责对网格责任人进行业务指导，每周至少巡查一次责任社区，同时要按时参加责任社区组织的集中联合执法行动，确保第一时间了解掌握网格内的各种情况，并及时协调处置解决有关问题。

五是建立奖惩制度。根据网格化管理工作的实际情况和需要，出台了《桐柏路街道网格化管理考核办法》，考核实行周检查、月排名、季表彰，在每月底分别对三级网格长的工作开展情况进行量化考核，并将考核结果进行通报排名，每季度根据三个月累计情况进行表彰；对工作中存在的问题发现不及时、处理不及时、工作不作为的工作人员，情况较轻的进行黄牌或红牌通报，并针对相关情况下发整改通知书；对情况严重的，调离工作岗位、待岗处理。

六是开展日常督查和责任追究工作。要求网格长及时排查和发现各类不稳定因素，采取有针对性的措施加以化解，编制《网格长周工作汇总表》，要求各网格长将每周排查情况写入《网格长周工作汇总表》，重大问题及时录入“郑州市公共信息管理平台”，及时上报处理。为不断提高网格长的责任心和管理水平，营造稳定、高效、有序、和谐的社会发展环境和群众生活环境，努力形成各级网格长“积极参与、主动承担、共建共享”的基层社会化管理新局面，结合街道实际，制定和完善了《桐柏路街道网格化管理工作考核奖惩办法》。通过评优评差、奖优罚劣，进一步提高网格长的责任心和管理水平，为街道办事处跨越式发展提供了坚强的组织保证。

三　多元协同、整合力量是网格化社会治理的运转基础

治理一词，在公共管理语境中，从不同的角度，有不同的侧重点。从社会—控制体系角度而言，治理是指政府与民间、公共部门与私人部门之间的合作与互动；作为自组织网络的治理，它是指建立在信任和互利基础上的社会协调网络。[①] 就是说，治理强调的是公共部门、私营部门、第三部门和公众个人等的合作、协商。这一点，在网格化社会治理中尤为重要，这是网格化社会治理运转的基础。网格化社会治理通过将多元主体的活动和服务纳入网格化治理系统，达到拓展网格服务功能的效果。桐柏路街道办事处在网格化治理中，强化三级网格长责任的同时，依托社区委员、民调员、社保员以及村民组长、楼院长、辖区公共单位负责人等核心骨干，并协调辖区人大代表、政协委员，还有参与社区工作、公益性活动的热心居民和积极分子，齐心协力、统筹安排，形成合力，体现了多

① 丁煌：《西方行政学理论概要》，中国人民大学出版社 2011 年版，第 334 页。

元协同的特征。北京市东城区在社区建立健全了以社区党委为领导核心，以社区居委会、社区居民会议、社区代表会议为依托，以社区服务站为平台的“一委三会一站、多元参与共建”的社区治理模式；出台了《东城区关于建立社区多元参与机制的工作意见》，明确了社区多元参与的各主体，创新了参与形式和内容，规范了社区多元参与的渠道和机制，培育社区成员的主动参与意识，充分调动社区各方力量积极参与社区建设；还通过打造区、街道和社区三级社会组织服务平台，完善工作体系和运行机制，发挥工、青、妇等群体“牵引带动、桥梁纽带、业务龙头、服务管理”的平台作用，促进行业性社会组织和公益性社会组织发展，鼓励和支持社会各界参与网格化社会治理工作。网格化治理模式赋予了基层社区、村组更多的自我管理权限，同时也极大地鼓舞了社会力量参与社会治理，一大批社会组织、志愿者队伍组建起来，集中化、定点化和组团化的社会服务促使网格化治理模式构建出管理—服务—自治三位一体的体制框架①，可以逐步推动社会治理从政府本位向社会本位的转型，从而推进社会治理长效机制的建立，使得社会治理更加有效。

在强化多元协同的同时，网格化社会治理还要注重有效整合各方力量。本章第一节介绍了桐柏路街道办事处充分整合巡防队员、协管员、民调员、计生专干和大学生村干部等充实基层网格力量，有效促进了网格工作的开展。北京市东城区按照力量整合、重心下移和夯实基层的原则，每个网格实名配置了党支部书记、管理员、助理员、督导员、民警、司法力量和消防员“七种力量”，并根据网格的不同特点，整合社保、工会、妇联、统战和社会组织等特色力量进网格，形成“一格多员、一员多能、一岗多责”的“7 + X”力量配置模式。东城区还大力培育整合志愿者队伍。通过健全志愿

① 阳盛益、周超玥：《基于网格化的城乡一体化社会治理平台创新与应用》，《中共浙江省委党校学报》2015 年第 6 期。

者工作统筹协调机制，支持培育基层志愿者组织发展，完善队伍管理；建立志愿者服务项目储备库，建成了综合性志愿者信息管理系统，推动各系统志愿者资源的有机整合和信息共享，搭建了志愿者注册登记、志愿服务供需对接和志愿者考核评价的平台，实现了“志愿服务供需匹配在网格”。对网格化治理中的各种力量，还需要加强培训，提升能力，以强化社会治理的基础。例如，桐柏路街道办事处为把网格长锻造成一支素质高、业务精、作风好，密切联系群众、服务群众的基层队伍，定期对三级网格长开展安全生产、非法生产、非法经营等七大领域相关知识培训，增强网格长的业务知识，提高网格长排查问题和解决问题的能力。东城区注重社工人才队伍的培训，提高整体素质。2013 年和 2014 年两年时间，东城区开展了大规模、系统化的社区工作者轮训，建立了社区工作者教育培训项目库，培训种类涉及专门业务培训、更新知识培训、任职培训等，积极组织社区工作者参加社工事务督导班、社会服务管理高级人才研修班、北京大学社工理论与实践研修班、社会心理服务能力专项培训班等高级人才研修班，取得了明显的成效。

四　技术支撑、信息平台是网格化社会治理的重要依托

网格化社会治理是以技术支撑、信息平台作为运行管理的重要依托，充分利用热线、电话、短信平台、手持终端和互联网视频探头等多种技术手段，拓展信息的来源，并保证信息沟通传播顺畅。一方面，网格中心的信息平台收集、分析和整合各种信息，及时记录突发的、新的涉及居民切身利益的社会治理问题顽症，及时分析、整合辖区内居民的服务需求信息，建立公共服务供给的决策数据库，切实提高社会治理的效能。另一方面，运用信息化技术打破传统的管理部门和行政区划空间的界限，促成了上通下达的信息表达与沟通渠道，使社会治理在打破纵向层级的基础上，简化了工作程序，形成趋于扁平化、整体性的网格化社会治理模式。网格化管理的区、街镇和居民区三级信息平台，不仅使管理服务的触角“纵向到底”，延伸到居民区这一最底层，而且“横向到边”，整合各职

能部门的信息平台，使各部门间的资源有效对接，便于部门职能重心下移，使专业处置团队直接到基层服务，提高了网格化管理的工作效率。①

本章第一节介绍了桐柏路街道办事处对信息技术平台建设的大力投入，辖区重新布置了光纤电缆，为每个社区（村）配备了摄像头和话筒等，开通了可视可讲系统，安排专门人员专职负责信息整理、录入和处理工作，通过硬件投入和软件配套，搭建起了对上联通全区乃至全市、对下覆盖整个街道三级网格的社会治理信息平台。北京市东城区更是打造了强大的信息化支撑系统，构建了“天上有云（云计算中心）、地上有格（社会服务管理网格）、中间有网（互联网）”的社会治理信息化支撑体系。建成的社会服务管理云平台，通过与地理信息系统的无缝连接，实现了“人进户，户进房，房进网格，网格进图”。为实现全区社会治理的精细化和立体化、监督决策的科学化和实效化提供了有力支撑。同时，东城区还重点推进智慧社区的基础设施、智慧服务、智慧管理工作，设立专项资金用于智慧社区建设，初步实现了社区在线高效办事服务、社区信息效能推送、日常便民生活信息全方位搜索服务，使群众不出社区就能及时享受到信息化带来的方便和快捷。

网格化社会治理作为社会治理的微创新，可谓取得了明显的成效，但在一些方面还需要完善：一是网格长队伍建设需要继续加强。要将网格长锻造成一支素质高、业务精、作风好，密切联系群众、服务群众的基层队伍，增强网格长的业务知识，提高网格长排查问题和解决问题的能力。二是信息技术的利用需要继续强化。对信息技术的利用应进行统一规划与顶层设计，实现统筹指挥协调、数据互通。有效采集社区人口、房屋、物件设施、组织机构等大量基础数据，建立数据库资源，作为政务数据的主要来源。充分运用

---

① 王晓芸、宋敬业、张莉华：《拓展网格化：提升城市综合管理效能——以上海市徐汇区为例》，《上海城市管理》2016 年第 1 期。

云计算技术从顶层盘活存量资源，建立统一的网格化综合服务管理信息系统，集合社会化服务平台和政务平台功能于系统一体。三是社情民意分析制度需要进一步完善。要及时排查和发现各类不稳定因素，采取有针对性的措施加以化解。网格之间采取灵活的方式经常性地沟通，建立完善社区和街道的网格长工作例会制度，交流工作情况，分析排查，研究解决共性的或需要由本级层面集体研究解决的问题，重大问题及时录入“公共信息管理平台”中，及时上报处理。四是社会力量需要进一步充分调动。目前，一些地方在推行网格化社会治理的过程中，虽然非常重视多元的社会治理主体，强调多元协作，但一定程度上网格在扮演具体功能时还存在一定的管控和维稳思路，存在一定的权力对社会的全方位渗透倾向，甚至一些地方只是增加了“信息化”的形式而已，对社会力量调动不足。网格化社会治理虽然存在一些问题，但瑕不掩瑜。随着网格化社会治理的推广，这种微创新方式将会越来越完善，在社会治理中也将发挥更加重要的作用。

第八章 促进社会治理微创新的路径

当前社会治理体系建设、制度化建设滞后于社会发展的要求，在完善社会治理规则的顶层设计、规范结构内容，强化社会治理创新的过程中，必须要重视社会治理的微创新。本书第六章、第七章总结分析了一些地方政府在社会治理中的微创新活动措施，如构建网络服务平台、精简审批事项、规范服务流程、加强窗口管理以及网格化社会治理，让人民群众尝到了“微”措施带来的甜头。如何促进社会治理微创新，应该从多方面着手，要培育“想创新、能创新”的浓厚氛围；要通过对社会治理相关的行政流程进行重新解构，用精细化高效率的管理服务来切实回应公众需求，让公众不仅有感官满意度，更有实实在在的获得感；要充分利用新技术、新媒体来为社会治理微创新提供推动力，要注重多元化的社会治理主体构建，使微创新这一模式真正融入社会治理的血液中，形成一个以人民群众需求为导向的良性循环。

第一节 夯实社会治理微创新的基础

社会治理微创新必须以坚持群众路线和遵循法治导向为基础，如此才能保证微创新的科学化和规范化，真正符合人民群众的需求。

一 务必坚持群众路线

社会治理微创新强调客户导向性，即以人民群众的需求为根本出发点。这和党的群众路线是一致的。“一切为了群众、一切依靠群众，从群众中来、到群众中去”的群众路线是我们党的根本政治路线和组织路线，是群众观点在党的工作中的应用，也是党的基本领导方法和工作方法。党的十八届三中全会明确提出，全面深化改革要“坚持党的群众路线，建立社会参与机制，充分发挥人民群众的积极性、主动性、创造性”，要“创新社会治理，必须着眼于维护最广大人民的根本利益，最大限度增加和谐因素，增强社会发展活力，提高社会治理水平”。[①]因此，社会治理微创新必须要坚持群众路线。

一方面，社会治理微创新必须以人民群众的需求为根本导向，能给人民群众带来实实在在的获得感。2016 年 2 月 23 日，习近平总书记在中央全面深化改革领导小组第二十一次会议上提出了改革的评价新标准：“把是否促进经济社会发展、是否给人民群众带来实实在在的获得感，作为改革成效的评价标准。”[②]这个标准是对社会治理改革创新的根本要求，任何社会治理微创新都要充分保障人民群众的愿望和利益。本书第六章、第七章列举的便民服务措施、技术工具改进、治理主体优化、平台构建等社会治理微创新分类案例，以及网格化社会治理微创新等，之所以取得了明显的成效，就是因为这些都是以人民群众的需求为导向，给人民群众带来了实实在在的获得感。所以，社会治理的微创新必须要尊重人民群众的意愿。社会治理是为了人民群众利益的实现，而不是政府利益的实现，只有人民群众的意愿或需要在社会治理微创新中起到支配的作用，微创新才能取得应有的成效。

---

① 《中共中央关于全面深化改革若干重大问题的决定》，人民出版社 2013 年版，第 49、60 页。

② 《习近平提出改革评价新标准：带来实实在在获得感》，2016 年 2 月 29 日，中国网新闻中心（http：//www. china. com. cn/news/2016 -02/29/content_37893058. htm）。

因此，社会治理微创新不是为了“政绩”而出台一些博人眼球的办法或实施一些“花架子”项目，其出发点和重点是解决群众关心的热点和难点问题。要使社会治理微创新取得成效，就要认真体察人民群众的愿望，关心人民群众的疾苦，从人民群众热切盼望的具体事情做起，尽心尽力帮助解决群众生产生活中的实际困难，利用微创新的优势将社会治理工作做深、做细、做实，为人民群众办实事、办好事，让人民群众得到实实在在的利益。

另一方面，社会治理微创新必须要调动人民群众的力量，实现人民群众的主体地位。这是社会治理微创新为群众路线的深化和发展提供平台的过程。群众路线强调改革过程要充分发挥人民群众的主体地位和主人翁意识，推动深化改革，通过提升群众的获得感、幸福感，增强人民群众对改革的认同感和自信心，从而凝聚起改革的巨大能量和共同理想。社会治理创新是深化改革的重要方面，真正有效的微创新必然需要人民群众的主动参与。只有人民群众的主动参与，社会治理的微创新才会有生机和活力。

社会治理的格局是“党委领导、政府负责、社会协同、公民参与”，目的是实现党委领导、政府治理与社会自我调节、居民自治良性互动的局面。在这种治理格局中，人民群众是改革的主体。因此，社会治理微创新离不开人民群众的广泛参与。我国目前社会经济成分、组织形式、就业方式、利益关系和分配方式等已呈现多样化的特征，社会治理工作涉及对象更加多元，内容更加丰富，任务也更加艰巨。人民群众中也蕴藏着极其丰富的智慧和极大的创造性，把这种创造性调动起来，使广大人民群众自觉参与到社会治理之中，社会治理创新就有了广泛的群众基础和基本保证。①人民群众参与社会治理微创新，根本的路径是促进社会治理主体的多元构建。微创新是持续的平衡式调整，从形式的角度改变传统的压制或

---

① 薄谊萍：《坚持党的群众路线与创新社会治理——以北京市西城区为例》，《理论与改革》2015年第5期。

者单边行动，取而代之以在不同的治理领域吸收不同的参与者，通过构建良好的表达渠道，将隐藏在复杂社会背景下的不同诉求引入规范的民意池，政府进一步主持协商平台促进不同意见的理解与融合，从而完成意见综合的过程，确定决策方案。[①]本书第六章、第七章分析的深圳市南山区推行的“一核多元”社区治理架构、龙华新区的“三共”模式与强化对社会组织培育，以及北京市朝阳区在网格化社会治理中促进行业性社会组织、公益性社会组织发展，鼓励和支持社会各界参与网格化社会治理工作等，都是促进人民群众的力量参与社会治理的典型案例，对提升社会治理效果起到了突出的作用。

所以，为促进社会治理微创新的有效性，要为社会组织、企业和公民广泛地参与社会治理创造条件，更多更好地利用人民群众的力量，利用社会资源提升效果。要加大对社会组织的培育扶持力度，完善培育扶持和依法管理政策。培育发展一批符合社会需求的公益社会服务机构，尊重社会组织的相对独立性，为其成长、发育提供良好的社会环境。同时，坚持党的群众路线，构建社区自治机制，进一步加强社区民主自治，开展形式多样的基层民主协商，引导居民参与社会治理。调动人民群众的力量，还必须重视以“整合”为理念的方法。整合是相关组织或机构以协调合作的方式，充分发挥各自在资源、组织等方面的优势，有效进行任务的分配、执行和监督，通过优势互补实现整体利益最大化的过程。通过利用整合的方法，激发和调动社会各种优势资源潜力的发挥，使得社会治理微创新的目的性、实效性更为突出，从而最大限度地满足群众的期望和需求。这些措施可以使社会治理过程以公开的方式展示给不同的利益主体，也能够促进不同主体间的理解与融合，防范因为领域不断分离、利益不断分化可能带来的断裂和对立的风险，从而使“微创新”推动社会治理效果的提升。

---

① 邹宗根：《“微创新”：行政改革的路径探索》，《云南社会科学》2013 年第 3 期。

二　始终遵循法治导向

中共十八届四中全会通过的《中共中央关于全面推进依法治国若干重大问题的决定》明确提出，要“全面推进依法治国”，“坚持依法治国、依法执政、依法行政共同推进，坚持法治国家、法治政府、法治社会一体建设，实现科学立法、严格执法、公正司法、全民守法，促进国家治理体系和治理能力现代化”，“推动全社会树立法治意识，推进多层次多领域依法治理”。[①] 在全面推进依法治国的大背景下促进国家治理体系和治理能力现代化，社会治理的法治构建是应有之义。实现社会治理的法治化能够充分释放社会治理的巨大正能量，稳定优化社会治理体系，提升社会治理的权威性与合法性，从而实现社会治理的持续健康发展。[②]因此，社会治理的微创新必须是依法确立的具体体系与依法运行的具体措施。

本书第六章、第七章列举了一些社会治理的微创新案例，这些微创新都遵循了法治导向，这是其取得了突出效果的重要因素。深圳市以社会服务替代个别难以执行的经济处罚，是社会治理的“微创新”依法实施的又一个例子。根据《中华人民共和国行政处罚法》及《深圳经济特区城市管理综合执法条例》的相关规定，深圳城管执法人员可对因经济确有困难无法缴纳罚款的当事人，根据其申请安排参加相关社会服务。2014 年 12 月的一天，市民杨某在南山区沙河街道的一人行道上摆卖寿司，该街道城管执法队拟对其罚款 1000 元。但杨某申辩称经济困难无钱交罚款，最终被安排参加社会服务，清理小广告 100 张，以此作为“替代性惩罚”。沙河街道城管执法队此次“微创新”在有法律条款支持的前提下，既保证了违法行为人受到相应惩罚，又避免了可能引起的行政诉讼纠纷，得

① 《中共中央关于全面推进依法治国若干重大问题的决定》，2014 年 10 月 28 日，中国经济网（http：//www. ce. cn/xwzx/gnsz/gdxw/201410/28/t2014102 8_3795791. shtml）。

② 刘雪松、宁虹超：《社会治理与社会治理法治化》，《学习与探索》2015 年第 10 期。

到了充分的肯定。[①]但在社会治理的微创新中，也出现了一些地方和部门的“微创新”无法可依的情况。例如，某地交警在对一名违法开远光灯的司机进行“体验式”惩罚，要求其看远光灯5分钟；还有一些地方由于摊贩经常缺斤少两欺诈消费者，当地工商部门对消费者投诉案件，一经查实，就在该摊点前悬挂“黑心店”牌进行警示……此类“微创新”，尽管可能会获得不少群众称赞，但很显然缺乏相关法律支持，侵犯了当事人的相关权利。如果处罚方式没有法律依据，违法者不予配合的可能性就很大，将会导致行政复议与诉讼增多，以致浪费司法资源；如果违法者不肯接受法律规定外的“处罚”，一旦被行政执法者强制执行，极有可能导致更严重的后果，使原本简单的处罚复杂化。[②]因此，在依法治国理念深入人心的今天，社会治理的微创新必须要坚持法治导向，只有在法律范围内的微创新，才是真正有益并且可持续的。

坚持法治导向，第一，要以维护人民群众的权利为中心，保障人民群众在社会治理中的主体性权利，发挥他们在微创新中的首创、独创精神。第二，是确保“微创新”的合法性。社会治理过程贯穿着行政权力的实施，虽然行政权力都是依照“权力法定”的法治原则确立的，但微创新强调的是精细化的管理服务，法律不可能有完全具体详尽的规定。这种情况下，微创新的实施要在法律授权范围内，并且受到法律的监督。微创新的实施即便是出于良善的目的，也不能以违法的方式进行。第三，社会治理微创新存在着多元治理主体的协商、合作，这个过程同样需要作合法性考量。十八届四中全会通过的《中共中央关于全面推进依法治国若干重大问题的决定》提出，“建立健全社会组织参与社会事务、维护公共利益、救助困难群众、帮教特殊人群、预防违法犯罪的机制和制度化渠道。支持行业协会商会类社会组织发挥行业自律和专业服务功能。

① 扶庆：《执法“微创新”万不可“破格执法”》，《民主与法制时报》2014年12月8日第017版。

② 同上。

发挥社会组织对其成员的行为导引、规则约束、权益维护作用”。[①]因此，社会组织参与社会治理必须要纳入法治化的轨道。无论是社会组织的建立，还是社会纠纷的解决，首先需要在法治的原则下进行，只有符合法律精神的社会自治，才能获得正当性，进而得到更多的社会认同。[②]

第二节　推进社会治理微创新的实施

推进社会治理微创新必须要突出精准的管理服务，要优化社会治理的流程，通过微创新提升治理流程的适应性和便利性，更为重要的是，要确保微创新的方法和措施切实起到积极的作用，而不是流于形式。

一　突出精准管理服务

本书第六章分析指出社会治理微创新的理念是主动从细微处入手，见微知著，以公众满意为出发点，着力于对治理过程的创新，强调主动回应和跟踪，有针对性地设计社会治理过程，重视适应性和便利性，以提升治理效率。就是说，社会治理微创新，要在“微”上下功夫，通过精准的、高质量的管理服务，通过人民群众的切身体验来提升公众的满意度。

精准管理服务的起点是通过切实了解人民群众的所思所想，有效回应[③]他们的需求，或者说，社会治理微创新要以有效回应人民

---

① 《中共中央关于全面推进依法治国若干重大问题的决定》，2014 年 10 月 28 日，中国经济网（http://www.ce.cn/xwzx/gnsz/gdxw/201410/28/t20141028_3795791.shtml）。

② 韩伟：《社会治理需要遵循民主法治导向——对基层社区网格化社会治理的反思》，《理论导刊》2016 年第 1 期。

③ “回应”作为对一类社会互动现象、关系及过程的理论，在社会治理中指的是党委政府基于对社会和公众诉求的感知而做出的反应。有效的回应不但要及时、有效、负责任地发现问题、解决问题，更要有效地预防问题。强化回应不仅强调对群众需求回应的速度，即经济、效率等因素，更强调回应的准确，即效能、公平等因素。强化回应是“从群众中来、到群众中去”群众路线的具体体现，是做好群众工作的基本要求。

群众的需求为起点。任何的改革都要充分保障人民群众的愿望和利益，改革只要有利于人民群众，并且人民群众从中看到实实在在的利益，就会得到人民群众的支持。社会治理微创新自然也不例外，要使社会治理的微创新有效果，就要及时深入调查，了解群众诉求，从人民实际利益出发去制定方案。2016 年 2 月 23 日，习近平在中央深改组第二十一次会议上指出："要重视调查研究，坚持眼睛向下、脚步向下，了解基层群众所思、所想、所盼，使改革更接地气。"①如此，就能做到有效回应公众需求，做到精准的管理服务，社会治理微创新才会有真正的效果。

本书第八章分析的网格化社会治理以及提到的北京市东城区打造的全区社会服务管理创新重点工程"一刻钟社区服务圈"都是精准化管理服务的典型。近些年，扶贫工作强化"精准扶贫"提升脱贫成效，如江苏省淮安市围绕精准扶贫工作要求，加大扶贫投入，创新帮扶机制，着力拉长扶贫开发重点县区、集中连片地区、经济薄弱村、低收入人口这些"短板"，在帮扶资金的使用上全面实行"滴灌"方式，让低收入农户直接受益。组织全市副科级以上干部一对一结对帮扶低收入农户，确保结对帮扶对象户户有帮扶措施、有增收项目。2012—2013 年全市已累计脱贫 245158 人，累计脱贫率 42. 91%，2014 年 1—5 月，全市已新增脱贫低收入农村人口 6. 9 万人。②用微创新来实现社会治理的精准化，是要不断地通过微小的管理手段和服务方式的创新，提高社会治理的精确度和有效性，改善社会治理的覆盖度和满意度。

做到精准的管理服务，必须要注重两个方面：一是社会治理的过程，特别是基层社会治理要做到"全覆盖、无缝隙"。本书第八章介绍的网格化社会治理"全覆盖、无缝隙"的做法，通过建设基

---

① 《习近平提出改革评价新标准：带来实实在在获得感》，2016 年 2 月 29 日，中国网新闻中心（http：//www. china. com. cn/news/2016 -02/29/content_37893058. htm）。

② 吴秀荣、苗贵安、夏青青、田军、孙翱翔：《"微创新"打造社会治理"升级版"》，《淮安日报》2014 年 8 月 12 日第 B02 版。

于地理信息系统、人口信息系统的虚拟管理网络，建设一站式服务的集成网络办事平台、特色鲜明的电子政务平台等，充分实现行政资源与社会资源的有效互动、联动与反馈[①]，在公共安全、社区管理、企业服务、市场监管等方面全面推进精准的管理与服务。以此增强党委政府在社会治理中的敏感度，实现充分的上下资源流动，形成互动和联动系统，充分动员行政资源和社会资源支持社会治理。二是提升管理服务的精细程度，切实做到实时细致地回应与服务。全面了解掌握辖区内的实际情况和精准数据，确保及时地掌握第一手信息资源，及时进行更新和总结分析，切实解决“最后一公里”的问题，提高微创新的针对性、准确性和前瞻性，使社会治理能够有足够的数据、舆情基础，切切实实做到让人民群众有实实在在的获得感。

二　优化社会治理流程

社会治理流程就是社会治理主体进行社会治理所经历的各个环节应遵循的方式、步骤、顺序和期间的总和。社会治理流程必须适应新环境、新要求，必须以人民群众是否满意为基础。社会治理微创新并不追求对党委政府治理框架的整体变革，不改变原有职能、机构的配置，而是着力于对治理过程的创新，包括对工作流程、程序和方式等创新。传统的社会治理流程存在着职能碎片化、封闭化等缺陷，在保持党委政府的社会治理职责配置和权力结构的整体框架下，在治理流程上进行微创新是比较理想的选择。所以说，推进社会治理微创新的重要举措就是通过工作流程的整合，缩减工作环节，通过变被动受理为主动回应和跟踪，提高对社会问题的掌控度，并有针对性地设计社会治理过程，在保持基于法律法规的规范性和程序性的基础上，重视适应性和便利性，以提升治理效率。本书第六章介绍的深圳市龙城街道办实施的家门口领表格“预办”，

① 杨钊：《“微创新”推动政府行政改革的策略机制研究》，《经济体制改革》2014年第5期。

有台电脑可以“网上办”，自主开发的App可以“掌上办”，应上班族要求还可以“周末办”等便民服务微创新，以及广东省梅州市行政服务中心管理办和各窗口单位推出的“微改革、微创新”项目，都是对社会治理流程的优化。第八章介绍的网格化社会治理，突出的特点就是管理服务流程的优化。

社会治理流程优化的重点是通过分析以往治理流程的缺陷，邀请公众参与重新设计工作流程，重视对公众需求的分析和公众多样化的行为选择，并要着重整合分布在不同领域或不同部门的具体化的、与人民群众关系密切的管理服务职能，通过“大厅集中办理一站式服务”等新服务模式，减少群众办理事情的时间、精力等成本，从而切实改善公众的体验，提升满意度。

参照邹宗根（2013）、杨钊（2014）等对行政改革微创新路径的研究，社会治理流程的优化应着重从三方面入手：一是工作环节的简化。要精简社会治理中的审批环节，摒弃不必要的事务和流程，社会治理中相关的管理服务项目要最大可能地予以统一。形成各相关部门认可的、明确规范的作业标准，并通过政府信息公开、公共信息查询等渠道向社会发布。二是操作程序的调整。用微创新来调整社会治理的操作程序，避免公众在相关部门之间来回重复跑、重复提交各种材料等无谓的消耗。建立完善的相关部门内部的沟通和信息共享机制，将操作流程的各个环节调整为方便公众的非线性并联式的新流程。三是服务窗口的改进。服务窗口是社会治理流程的直观表现方式，服务窗口改进的目的是使简化后的工作环节、调整后的操作程序等得以充分利用，通过以主页查询、搜索等方法建立全天候开放的网络服务平台的虚拟窗口以及集成多职能部门的一站式大厅等实体窗口，持续改进公众的感官体验，切实提升社会治理的效果。

三　确保微创新措施落实

社会治理微创新主要是地方党委政府紧扣全面深化改革主旋律，积极提升社会治理效果的主动创新和自选动作。从本书第六章、第七章列举的一些案例可以看出，微创新都是坚持问题导向的，是地方党委政府或隶属部门就社会治理中的一些问题甚至是一个问题进行的改革，通过优化流程、降低成本、提高效率等，致力于让人民群众满意，着力营造麻烦最少、干预最少、综合服务到位的服务型政府。社会治理微创新只有落到实处，而不是流于形式，才会有实实在在的效果。例如，广东省梅州市政府通过暗访督查推动“微”项目的落实[①]，该市为了抓好155个“微改革、微创新”项目的落实，采取不指定事项、不事先通知、不安排责任单位陪同的办法，对责任单位暗访督查，推动各级各部门转变作风、提高执行力和服务水平，推动“微”项目带给百姓大实惠。

要确保社会治理微创新措施切实落到实处，必须强化两方面：一是强化党委政府的责任。社会治理的发展路径是构建多元的治理主体，重视社区、社会组织等主体的作用，但这并不等同于党委政府责任的弱化。当前，党和政府提出“凡是社会能做的、社会比政府做得好的职能都要还给社会”，这种提法对政府与社会边界的理解具有重要的意义，但同样重要的是，政府要明确哪些是社会做不了的，是政府必须做的。[②]党委政府在社会治理中的主导地位，要求党委政府要把握好微创新的原则以及对微创新的支持。从原则上说，社会治理微创新必须始终坚持公平正义，坚持为人民群众服务的利益导向，要加大对微创新项目出台及落实的资金支持力度，如数据库的建设以及信息平台的构建。要建立绩效评估机制并加强责任追究，通过组织监督以强化党委政府的责任。组织体系内的监督是强化党委政府责任的有效方式。组织监督必须要建立起有效的微创新绩效评估机制。微创新的根本目的是提高人民群众的满意度，提升社会治理的效果。为了使微创新起到切实的作用，而不是流于

---

① 柯鸿海：《梅州以“微改革、微创新”倒逼服务型政府建设》，2014年4月22日，新浪网（http://gd.sina.com.cn/city/gdyw/2014-04-22/095256.html）。

② 周俊、郁建兴：《社会治理的体制框架与创新路径》，《浙江社会科学》2015年第9期。

形式，微创新绩效评估机制应由上级部门制定评估方案，组织人民群众、社会组织等参与对实施微创新的地方政府或部门进行评估考核。评估微创新措施的运行和开展取得的成效、存在的主要问题等。对于浮于表面、工作不力，只见口号不见行动，提出了微创新但未能有效落实的相关责任单位必须要追究主要领导、分管领导和责任人的责任。例如，吴秀荣等在总结江苏省淮安市通过微创新实现社会治理的“升级版”工程时提出的可资借鉴的路径中特别强调通过“大考核”确保各项目标任务落实到位。把弱势群体权益保障工作的微创新工程纳入全市科学发展目标大考核系统，通过建立和完善科学的绩效管理和评估指标体系及评估机制，确保弱势群体权益保障真正落到实处。① 二是健全微创新过程的信息公开和群众参与。对社会治理微创新的相关内容，如新组建机构的人员编制、微创新活动的资金投入，还有微创新的具体内容和措施等，要确保公开性和决策的透明度。同时，信息的公开要以简洁易懂、容易获知的方式告知公众，以满足其切身需求。强化社会治理微创新的群众参与，就是要集中大家的智慧，调动公众参与微创新的积极性，发挥其主动性和创造性，使居民真正成为社会治理的主体。社会治理微创新要反映出公众最关心的事、最期盼的事，要让公众一起共同协商寻找有效的社会治理路径。通过切实的群众监督，有效避免社会治理微创新中创新行为的随意性、盲目性，使微创新措施能切实地取得应有的效果。

第三节　加强社会治理微创新的支撑

要有效地推进社会治理微创新，还必须要加强支撑条件的建设。

---

① 吴秀荣、苗贵安、夏青青、田军、孙翱翔：《“微创新”打造社会治理“升级版”》，《淮安日报》2014 年 8 月 12 日第 B02 版。

总体而言，社会治理微创新需要的支撑条件包括：“想创新、能创新”的微创新氛围、学习型组织的建立和信息化技术的充分利用。

一　着力营造微创新氛围

近些年来，企业界的微创新可谓是密集爆发，让人们从一个看似微小的世界看到了博大精深。本书分析的社会治理微创新虽然在一些地方取得了明显的成效，但与企业界相比，还有较大的差距。这主要就是因为在社会治理领域微创新没有得到足够的重视，微创新的氛围还不够浓厚。一些地方党委政府或隶属部门习惯于安于现状，担心风险，不敢创新，不只是没有微创新的举措，就连微创新的意识也没有。有些领导者缺乏创新精神，存在着庸政懒政现象，没有能力洞察经济社会文化的变迁，只是被动地解决群众反映的问题，甚至有些问题一拖再拖，而不是主动地为群众提供周到、便利、及时的服务。在加强和创新社会治理的背景下，这种状况显然是要被淘汰的。因此，地方党委政府要立足基层实际，营造“想创新、能创新”的微创新氛围，为微创新提供宽松环境，尊重基层首创精神，建立激励创新机制，从而实现社会治理的多方联动，逐步转变传统的社会治理模式，为社会增添活力。

营造微创新氛围的根本目的是为微创新提供宽松环境，给创新留出试错空间。创新意味着改变，微创新也是改变，但改变未必就一定是正确的、完全符合需求的，所以要留出试错空间。试错是根据已有经验，采取系统或随机的方式，去尝试各种可能的方案。无论前期的方案做得多么完美，但进入现实之后，多少都会有超出方案预想的地方。因此，在前期努力完善方案的基础之上，能否根据实际情况迅速修正方案、完善方案，就显得尤为重要。[①]社会治理微创新只要是不违背法律法规，不违背群众路线的原则，就应该给创新者一个宽松的环境。即使出现了一些错误、一些失误，但这也是

---

①　杨钊：《行政改革“微创新”的机理与路径优化》，《重庆社会科学》2014年第2期。

在有限成本下的试错。微创新本身不追求巨大的变化，创新不成功的代价较低是它的优势，这些代价一般来说都是可以承受的。所以说，要为社会治理微创新留出试错空间，甚至可以鼓励试错。微创新若取得成功就可以切实提升社会治理的效果，如若失败也可以让公众注意到党委政府为提高社会治理水平所做的努力，并可以为下一步的创新提供实践经验。

营造微创新氛围还必须要重视基层首创精神。社会治理微创新尊重基层首创精神，用微创新的理论观点看待和处理工作中遇到的新情况、新问题，着力培养一批典型，可以形成品牌效应，从而通过微创新促进社会治理工作的规范化、科学化和制度化。人民群众直接联系的就是基层，所以说，“基层首创”大部分就是针对工作中各种瓶颈性问题，一旦解决，就能收到明显效果。本书第六章对社会治理微创新进行分类时所列举的案例，大多都是基层结合实际需求的首创，都是效果明显的。在广东省公安厅部署开展的2015年“平安广东杯”粤警创新大赛中，广东省惠州市公安局推选参赛的“反恐鹰眼”、“天云”涉车管控平台以及“视侦攻略”信息系统等基层民警首创的微创新项目表现不俗①，这得益于在浓重的创新氛围下广大基层民警刻苦钻研，努力攻克难关，才使得微改革和微创新成果不断涌现。在广东2015年的粤警创新大赛中，突出的一点是广东各地公安机关出台了多项配套措施，鼓励基层首创，大力推展微创新。比如，深圳市公安局拿出一批改革课题和领导职位面向全局公开竞聘，并在干部晋升中优先提拔“改革创新有功人员”；东莞市公安局建立“重大项目培育、奖励基金”，对获奖项目在省公安厅奖励的基础上再颁发项目扶持经费等。②因此，地方党委政府和

---

① 王清波、张雄、陈小劲：《惠州：“微创新”创出新科技 “微改革”改出高效能》，《人民公安报》2015年7月27日第004版。

② 王清波、王河、翟洪亮：《广东：“微创新”提升服务效率 “微改革”激发基层活力——粤警创新大赛推动公安改革和“四项建设”》，《人民公安报》2015年5月22日第001版。

隶属部门开展微创新，必须要重视基层首创精神。因为微创新的落脚点在于实用性，基层首创的微创新就能解决具体问题，能够给人民群众带来直接的感官体验和实实在在的获得感。

二　加快建立学习型组织

创新依赖于社会实践中的经验和知识积累，学习是经验和知识获得的根本途径。认真、全面、深入地学习，特别是善于学习的态度和方法是创新的前提条件。通过学习，不断解放思想，打破不合时宜的限制和陈旧观念。改革开放以来，我国经济发展取得巨大的成就，根本原因是不简单照搬西方模式，而是坚定自信地走自己创新的道路。这种创新不是故步自封，而是对外开放，向外学习，向发达国家学习，向发展中国家学习，学习它们的理论、技术、管理各个方面，取其之长，补己之短，走出具有中国特色的社会主义市场经济道路。所以说，要创新，必须要学习，而且要善于学习。2012 年党的十八大报告明确提出建设“学习型、服务型、创新型的马克思主义执政党的战略目标”，这是对各级党委政府强化学习、创新的根本要求。要提高社会治理微创新的有效性，就必须建立在全面的、深入的学习基础之上，要通过大力加快推进学习型组织的建立来促进社会治理的微创新。

本书第三章提出要通过建立学习型组织，来创造微创新的组织基础。学习型组织的缔造不是最终目的，重要的是通过建立迈向学习型组织的种种努力，引导出一种不断促进微创新、不断促进组织进步的新观念。在社会治理中建立学习型组织，主要是在基层党委政府建立学习型组织，这是组织自身发展的需要，也是推进社会治理微创新的需要。基层党委政府建立学习型组织的作用在于：一是能够促进党委政府的不断发展，不断提高政府的社会治理能力，从而推进微创新；二是能够实现公职人员与社会治理工作、与其他社会治理主体的真正融合，使他们在工作中体会社会治理微创新的意义，从而协调各种力量推进创新，实现有效的社会治理。

学习型组织是一个开放的系统，在内涵上，必须掌握“学习理念”，因为学习力是任何组织内部的核心竞争力，以此完善社会治理内部运行机制，提高微创新的绩效。在外延上，通过基层党委政府同组织其他社会治理主体进行物质、人员、信息、文化等能量的交换，使其内部系统与外部社会环境进行互动和信息回应，从而为社会治理微创新提供动力，并能强化微创新的针对性。基层党委政府要以学习型组织的基本理念为理论根基，使组织成为自由、开放，便于信息交流和知识传播的共享学习成果的系统，能有效地将学习行为转化为创造性行为，从而大幅度提高社会治理微创新的绩效和人民群众对社会服务的满意度。总体而言，建立学习型组织要从以下两方面着手：一是，要对公职人员实施继续教育、终身教育。要利用 MPA 教育、短期培训、专题培训、实践考察等形式，开展灵活的、有针对性的、注重应用型、实践性的培训教育，调整和优化人才结构，为推进社会治理微创新奠定人力资源优势。二是，要将团队学习寓于组织系统运行的整个过程。通过学习、准备、计划、推进同步进行的方式探索推进社会治理微创新的途径，保证社会治理微创新依法而行和持续有效，使社会治理切实地符合群众的需求，切实地服务于民。

三　充分利用信息化技术

信息系统几十年来一直是促进政府治理改革的重要因素。特别是伴随着互联网大潮的兴起，信息技术对社会治理的影响发生了根本性变化，从原来组织内部沟通应用、电子档案系统以及为公众提供电子服务等办公程序信息化到深度介入政府与社会和公民个人的关系，信息技术和电子政务已成为社会治理系统现代化变革的中心。这一变革过程及其发生的思想基础被称为“数字化时代的治理”，它强调信息技术和信息系统在政府部门提供公共服务中的重要性，这种治理模式不仅为公民参与社会管理过程提供技术支持，而且成为政府与公民形成双向互动关系的基本形式。[①]

本书第六章、第七章分析的便民服务微创新、工具方法改进微创新以及网格化社会治理无不体现着信息化技术的充分利用。特别是网格化社会治理的突出特征是以数字信息化为平台，以政府统一指挥监督中心为信息汇集与传导中枢，通过社会治理流程的优化，变条块分割为条块融合，有效整合社会治理主体，从而构建基层“全覆盖、无缝隙”的社会治理流程和方法。因此，社会治理“微创新”的重要途径是及时跟进技术的发展，特别是要充分利用已经在商业等领域取得成功的技术和媒体，推动治理技术和方法的进步，构建全面覆盖、智能化和回应迅速的社会治理模式。虽然信息化技术在社会治理中得到重视并已经被较为广泛地运用，但在实际的运用中，技术更新不及时以及不同部门之间一定程度存在着系统孤立、互不连通等问题，导致社会治理的统一化和综合化发展迟缓，整体性比较欠缺，从而使一些社会治理的微创新达不到应有的效果。

所以说，推进社会治理微创新要充分利用信息化技术，重点应从以下几方面入手：一是利用信息化技术创新跨部门、跨系统的接入标准，提升社会治理信息化系统的连通度和开放度，致力于条块融合，用完善的技术逐步将分散的社会治理职能整合到各级政府的主页平台中，改善公众的感官满意度。通过以信息化为平台的社会治理机制创新保证人民群众的权利，进一步拓展群众直接参与社会治理的通道，从而提升社会治理微创新的科学化和合理化水平，起到有效防范社会摩擦和冲突的“安全阀”作用。二是要重视引入前沿技术，比如云计算技术，通过委托建设或政府购买的方式布局专业的情报捕捉和搜索系统，通过智能化的算法技术从巨量、冗繁的数据信息中解析出社会问题的特点和趋势，主动分析并积极回应公

---

① 刘兰华：《以信息化为平台的基层政府社会管理机制创新——上海市闵行区“大联动”机制的探索与启示》，《中州学刊》2014 年第 10 期。

众的关注焦点。建立电子化的全天候信息采集和分析系统，为有效的社会治理提供翔实可靠的数据依据，以技术应用促进社会治理微创新。如江苏省淮安市实施“微创新工程”，充分利用信息化技术为社会治理的精准扶贫奠定基础。淮安市充分利用大数据、云计算技术加强弱势群体信息库建设，整合现有的总工会下岗职工信息、残联残疾人信息、扶贫办农村低收入农户贫困人口信息以及人社局低保人员信息，按照统一标准建立全市统一的弱势群体信息库，同时发挥利用基层和社会力量，扎实做好信息统计和核实工作，确保全面掌握全市弱势群体第一手资料，为实现精准帮扶、权益保障奠定基础。[①]三是构建有效的信息采集机制。以信息化技术为支撑，通过民生服务热线、社区巡管、城市网格化、街面联勤、服务信箱等信息采集机制，整合通信、计算机、网络、地理信息系统、视频监控、数据共享等技术，重视现代移动互联网终端不断智能化的特点，通过开发适合当地环境和情境的手机政务应用程序技术手段进行信息收集等。通过有效的信息采集机制构建便捷的社会治理信息传输、处理、反馈系统，为社会治理微创新提供有力的技术支撑。

---

① 吴秀荣、苗贵安、夏青青、田军、孙翱翔：《“微创新”打造社会治理“升级版”》，《淮安日报》2014 年 8 月 12 日第 B02 版。

结 语

创新是前行的动力，是发展的契机，是进步的阶梯，其价值和意义无须赘言。企业的发展需要颠覆式的科技突破创新，一定程度上更需要“见微知著，为体验创新而设计”的微创新，以给消费者带来切切实实的精神和感官体验。在政府治理领域也是一样，既需要宏观政策、体制机制等顶层设计的改革创新，也需要针对具体问题提出解决或改进方案的微创新，以给人民群众更直接的、实实在在的体验和满足。

微创新是从客户体验角度出发，从微小的角落进行设计和植入，将视角集中到那些被人遗忘或忽视的领域，以专注聚焦的精神去进行创新。微创新不只是一种外在表象，其更深层次的内涵在于最大化地满足用户的各种实际体验和需求。这不仅是感官层面的体验和需求，更是精神层面的体验和满足。所以说，微创新必须是以消费者为中心，以需求为导向，通过对产品或服务进行一些改进以打动用户的心，生产能够满足消费者需求的产品或服务。它具有客户导向性、渐进连续性、开放协同性、草根多元性四方面的特征。

美国学者西奥多·莱维特（Theodore Levitt）指出，未来企业呈现出来的竞争，不再仅仅存在于各个公司生产的产品之间，而在于公司生产的产品如何能给消费者提供各种增值的附加服务，如仓储、包装、服务、广告、咨询、融资、送货及附加利益等。[①]在这个消费者需求多元化的时代，在这个各种变化日新月异的时代，企业

---

① 邵学清：《企业微创新　政府大作为》，《学习时报》2015年2月2日第007版。

如果坚持微创新理念，坚持“用户体验至上”，关注从技术到市场的各个细微领域，不断实现微创新，把技术、服务做到最好、最精致，通过一点一滴的渐进性的细微改进，积少成多，就能完成从量变到质变过程的一种创新，最后形成颠覆性创新效果。

微创新概念最先从互联网行业出现，在信息技术、互联网领域比较成功的微创新案例也影响最广，在制造业、服务业等其他领域，微创新同样发挥了巨大作用，取得了突出成效。本书提到的海尔、奇虎360、腾讯、苹果、凡客、谭木匠、小熊电器等案例，都是最好的例证。我们重点分析的三全食品、小米科技和豆瓣网，无不是坚持了这样的理念，从而实现了企业的华丽蜕变，成为行业中的佼佼者。

因此，微创新作为一种新的创新方法，正以其灵活多变且更贴近用户需求而日益成为企业发展的必然选择。而企业要促进微创新，需要将所处的环境和自身的特点相结合，寻找适合自身的微创新路径，从而提高企业微创新的成功率。虽然很多的微创新路径不能复制，但还是可以总结一些企业促进微创新的路径，供企业的管理者参考。总体上说，企业促进微创新的路径可以分为三个方面：一是强化促进微创新的基础，就是要培养以客户为中心、在框架之内思考、避“热”趋“冷”、持续不间断的微创新思考理念，要培育和激发企业家精神，要善于利用政策环境、创新网络等有利因素，同时要克服微创新意识不足、激励机制不健全、漠视政策错失机遇、知识产权保护意识缺乏等内部不利于微创新的因素；二是加强微创新的分类实施，就是通过强化用户至上促进产品和服务微创新，利用外包众包拓展商业模式微创新，建立有效组织推进管理机制微创新；三是重视微创新的稳定发展，就是要维持和发展微创新成果，在不断的微创新积累中形成自己独特的优势，创造企业的价值观和微创新理念，形成独特的企业微创新文化。

微创新在社会治理领域也得到了重视和应用，而且非常给力。社会治理微创新注重以小搏大，关键在于从人民群众的需求出发，使每一步创新、每一点改进都能便民、利民。它主要是地方党委政府立足基层实际的社会治理理念和方式的改变，尊重基层首创精神，在保持社会稳定的前提下，用微创新的理论观点看待和处理社会治理工作中遇到的新情况、新问题，或者是通过流程优化强化便民服务，或者是通过技术手段、方法改变推动成本降低，或者是推动社会主体的参与以提高绩效等，让人民群众看到变化、见到成效、得到实惠，尝到“微”措施带来的甜头，让人民群众有真真切切的感官和精神体验，有实实在在的获得感。现在许多地方实施的网格化社会治理属于社会治理微创新的典型，它是在现有党委政府架构基础上、在坚持社会稳定的基础上的精细化管理，注重从人民群众需求出发，致力于掌握群众真正所需、迫切所需，在收集、捕捉群众诉求上做功课，同时鼓励更多人参与到社会治理之中，构建全民共建共享的社会治理格局。

如何促进社会治理微创新，应该着重三方面：首先是夯实社会治理微创新的基础。以坚持群众路线和遵循法治导向为基础，保证微创新的科学化和规范化，使其真正地符合人民群众的需求。其次是推进社会治理微创新的实施。通过突出精准的管理服务、优化社会治理的流程等微创新措施提升治理的适应性和便利性，通过完善的责任追究机制和监督机制确保微创新的方法和措施切实起到积极的作用，而不是流于形式。最后是加强社会治理微创新的支撑。要培育“想创新、能创新”的浓厚氛围，加快建立学习型组织，并充分利用新技术、新媒体来为社会治理微创新提供推动力。通过这些措施使“微创新”真正融入社会治理的血液中，形成一个以人民群众需求为导向的良性循环。

当前微创新、草根创新、大众创新蔚然成风，收效大的微创新已是一支不容忽视的力量。我们已经看到，很多个人与初创企业基于现有技术，从用户体验、市场需求出发，不断去做微小改进，利用微创新从而实现了自己的创新创业梦。同样地，一些地方党委政府根据客观情况和群众需求的改变不断进行微创新，社会治理整体水平步步提升。这就告诉我们，无论企业、个人，还是政府，都要积极参与微创新。特别是企业要通过建立有效的激励机制，鼓励所有员工积极参与微创新活动。政府更要发挥重要的作用，要创新管理制度，支持科学共同体、企业、社会组织、公众参与创新，促进各类主体，特别是大众在创新中发挥自主作用；要为微创新提供必要的基础设施和公共平台，如可以结合孵化器建设，在创业园区建立微创新服务中心，支持企业的信息化改造，使微创新群体与客户之间的交流互动更加便捷；要积极动员全民参与微创新，如可以举办微创新论坛、创客大赛、创业者论坛等多种活动。通过这些举措，以微创新推进“大众创业、万众创新”，激发全社会的创新潜能和创业活力，使创业创新真正成为全社会共同的价值追求和行为习惯。

附　录

中共中央　国务院关于深化体制机制改革加快实施创新驱动发展战略的若干意见

（2015 年 3 月 13 日）

创新是推动一个国家和民族向前发展的重要力量，也是推动整个人类社会向前发展的重要力量。面对全球新一轮科技革命与产业变革的重大机遇和挑战，面对经济发展新常态下的趋势变化和特点，面对实现“两个一百年”奋斗目标的历史任务和要求，必须深化体制机制改革，加快实施创新驱动发展战略，现提出如下意见。

一　总体思路和主要目标

加快实施创新驱动发展战略，就是要使市场在资源配置中起决定性作用和更好发挥政府作用，破除一切制约创新的思想障碍和制度藩篱，激发全社会创新活力和创造潜能，提升劳动、信息、知识、技术、管理、资本的效率和效益，强化科技同经济对接、创新成果同产业对接、创新项目同现实生产力对接、研发人员创新劳动同其利益收入对接，增强科技进步对经济发展的贡献度，营造大众创业、万众创新的政策环境和制度环境。

——坚持需求导向。紧扣经济社会发展重大需求，着力打通科技成果向现实生产力转化的通道，着力破除科学家、科技人员、企业家、创业者创新的障碍，着力解决要素驱动、投资驱动向创新驱动转变的制约，让创新真正落实到创造新的增长点上，把创新成果变成实实在在的产业活动。

——坚持人才为先。要把人才作为创新的第一资源，更加注重培养、用好、吸引各类人才，促进人才合理流动、优化配置，创新人才培养模式；更加注重强化激励机制，给予科技人员更多的利益回报和精神鼓励；更加注重发挥企业家和技术技能人才队伍创新作用，充分激发全社会的创新活力。

——坚持遵循规律。根据科学技术活动特点，把握好科学研究的探索发现规律，为科学家潜心研究、发明创造、技术突破创造良好条件和宽松环境；把握好技术创新的市场规律，让市场成为优化配置创新资源的主要手段，让企业成为技术创新的主体力量，让知识产权制度成为激励创新的基本保障；大力营造勇于探索、鼓励创新、宽容失败的文化和社会氛围。

——坚持全面创新。把科技创新摆在国家发展全局的核心位置，统筹推进科技体制改革和经济社会领域改革，统筹推进科技、管理、品牌、组织、商业模式创新，统筹推进军民融合创新，统筹推进引进来与走出去合作创新，实现科技创新、制度创新、开放创新的有机统一和协同发展。

到2020年，基本形成适应创新驱动发展要求的制度环境和政策法律体系，为进入创新型国家行列提供有力保障。人才、资本、技术、知识自由流动，企业、科研院所、高等学校协同创新，创新活力竞相迸发，创新成果得到充分保护，创新价值得到更大体现，创新资源配置效率大幅提高，创新人才合理分享创新收益，使创新驱动发展战略真正落地，进而打造促进经济增长和就业创业的新引擎，构筑参与国际竞争合作的新优势，推动形成可持续发展的新格局，促进经济发展方式的转变。

二　营造激励创新的公平竞争环境

发挥市场竞争激励创新的根本性作用，营造公平、开放、透明的市场环境，强化竞争政策和产业政策对创新的引导，促进优胜劣汰，增强市场主体创新动力。

（一）实行严格的知识产权保护制度

完善知识产权保护相关法律，研究降低侵权行为追究刑事责任门槛，调整损害赔偿标准，探索实施惩罚性赔偿制度。完善权利人维权机制，合理划分权利人举证责任。

完善商业秘密保护法律制度，明确商业秘密和侵权行为界定，研究制定相应保护措施，探索建立诉前保护制度。研究商业模式等新形态创新成果的知识产权保护办法。

完善知识产权审判工作机制，推进知识产权民事、刑事、行政案件的“三审合一”，积极发挥知识产权法院的作用，探索跨地区知识产权案件异地审理机制，打破对侵权行为的地方保护。

健全知识产权侵权查处机制，强化行政执法与司法衔接，加强知识产权综合行政执法，健全知识产权维权援助体系，将侵权行为信息纳入社会信用记录。

（二）打破制约创新的行业垄断和市场分割

加快推进垄断性行业改革，放开自然垄断行业竞争性业务，建立鼓励创新的统一透明、有序规范的市场环境。

切实加强反垄断执法，及时发现和制止垄断协议和滥用市场支配地位等垄断行为，为中小企业创新发展拓宽空间。

打破地方保护，清理和废除妨碍全国统一市场的规定和做法，纠正地方政府不当补贴或利用行政权力限制、排除竞争的行为，探索实施公平竞争审查制度。

（三）改进新技术新产品新商业模式的准入管理

改革产业准入制度，制定和实施产业准入负面清单，对未纳入负面清单管理的行业、领域、业务等，各类市场主体皆可依法平等进入。

破除限制新技术新产品新商业模式发展的不合理准入障碍。对药品、医疗器械等创新产品建立便捷高效的监管模式，深化审评审批制度改革，多种渠道增加审评资源，优化流程，缩短周期，支持委托生产等新的组织模式发展。对新能源汽车、风电、光伏等领域实行有针对性的准入政策。

改进互联网、金融、环保、医疗卫生、文化、教育等领域的监管，支持和鼓励新业态、新商业模式发展。

（四）健全产业技术政策和管理制度

改革产业监管制度，将前置审批为主转变为依法加强事中事后监管为主，形成有利于转型升级、鼓励创新的产业政策导向。

强化产业技术政策的引导和监督作用，明确并逐步提高生产环节和市场准入的环境、节能、节地、节水、节材、质量和安全指标及相关标准，形成统一权威、公开透明的市场准入标准体系。健全技术标准体系，强化强制性标准的制定和实施。

加强产业技术政策、标准执行的过程监管。强化环保、质检、工商、安全监管等部门的行政执法联动机制。

（五）形成要素价格倒逼创新机制

运用主要由市场决定要素价格的机制，促使企业从依靠过度消耗资源能源、低性能低成本竞争，向依靠创新、实施差别化竞争转变。

加快推进资源税改革，逐步将资源税扩展到占用各种自然生态空间，推进环境保护费改税。完善市场化的工业用地价格形成机制。健全企业职工工资正常增长机制，实现劳动力成本变化与经济提质增效相适应。

三　建立技术创新市场导向机制

发挥市场对技术研发方向、路线选择和各类创新资源配置的导向作用，调整创新决策和组织模式，强化普惠性政策支持，促进企业真正成为技术创新决策、研发投入、科研组织和成果转化的主体。

（六）扩大企业在国家创新决策中话语权

建立高层次、常态化的企业技术创新对话、咨询制度，发挥企业和企业家在国家创新决策中的重要作用。吸收更多企业参与研究制定国家技术创新规划、计划、政策和标准，相关专家咨询组中产业专家和企业家应占较大比例。

国家科技规划要聚焦战略需求，重点部署市场不能有效配置资源的关键领域研究，竞争类产业技术创新的研发方向、技术路线和要素配置模式由企业依据市场需求自主决策。

（七）完善企业为主体的产业技术创新机制

市场导向明确的科技项目由企业牵头，政府引导，联合高等学校和科研院所实施。鼓励构建以企业为主导、产学研合作的产业技术创新战略联盟。

更多运用财政后补助、间接投入等方式，支持企业自主决策、先行投入，开展重大产业关键共性技术、装备和标准的研发攻关。

开展龙头企业创新转型试点，探索政府支持企业技术创新、管理创新、商业模式创新的新机制。

完善中小企业创新服务体系，加快推进创业孵化、知识产权服务、第三方检验检测认证等机构的专业化、市场化改革，壮大技术交易市场。

优化国家实验室、重点实验室、工程实验室、工程（技术）研究中心布局，按功能定位分类整合，构建开放共享互动的创新网络，建立向企业特别是中小企业有效开放的机制。探索在战略性领域采取企业主导、院校协作、多元投资、军民融合、成果分享的新模式，整合形成若干产业创新中心。加大国家重大科研基础设施、大型科研仪器和专利基础信息资源等向社会开放力度。

（八）提高普惠性财税政策支持力度

坚持结构性减税方向，逐步将国家对企业技术创新的投入方式转变为以普惠性财税政策为主。

统筹研究企业所得税加计扣除政策，完善企业研发费用计核方法，调整目录管理方式，扩大研发费用加计扣除优惠政策适用范围。完善高新技术企业认定办法，重点鼓励中小企业加大研发力度。

（九）健全优先使用创新产品的采购政策

建立健全符合国际规则的支持采购创新产品和服务的政策体系，落实和完善政府采购促进中小企业创新发展的相关措施，加大创新产品和服务的采购力度。鼓励采用首购、订购等非招标采购方式，以及政府购买服务等方式予以支持，促进创新产品的研发和规模化应用。

研究完善使用首台（套）重大技术装备鼓励政策，健全研制、使用单位在产品创新、增值服务和示范应用等环节的激励和约束机制。

放宽民口企业和科研单位进入军品科研生产和维修采购范围。

四　强化金融创新的功能

发挥金融创新对技术创新的助推作用，培育壮大创业投资和资本市场，提高信贷支持创新的灵活性和便利性，形成各类金融工具协同支持创新发展的良好局面。

（十）壮大创业投资规模

研究制定天使投资相关法规。按照税制改革的方向与要求，对包括天使投资在内的投向种子期、初创期等创新活动的投资，统筹研究相关税收支持政策。

研究扩大促进创业投资企业发展的税收优惠政策，适当放宽创业投资企业投资高新技术企业的条件限制，并在试点基础上将享受投资抵扣政策的创业投资企业范围扩大到有限合伙制创业投资企业法人合伙人。

结合国有企业改革设立国有资本创业投资基金，完善国有创投机构激励约束机制。按照市场化原则研究设立国家新兴产业创业投资引导基金，带动社会资本支持战略性新兴产业和高技术产业早中期、初创期创新型企业发展。

完善外商投资创业投资企业规定，有效利用境外资本投向创新领域。研究保险资金投资创业投资基金的相关政策。

（十一）强化资本市场对技术创新的支持

加快创业板市场改革，健全适合创新型、成长型企业发展的制度安排，扩大服务实体经济覆盖面，强化全国中小企业股份转让系统融资、并购、交易等功能，规范发展服务小微企业的区域性股权市场。加强不同层次资本市场的有机联系。

发挥沪深交易所股权质押融资机制作用，支持符合条件的创新创业企业发行公司债券。支持符合条件的企业发行项目收益债，募集资金用于加大创新投入。

推动修订相关法律法规，探索开展知识产权证券化业务。开展股权众筹融资试点，积极探索和规范发展服务创新的互联网金融。

（十二）拓宽技术创新的间接融资渠道

完善商业银行相关法律。选择符合条件的银行业金融机构，探索试点为企业创新活动提供股权和债权相结合的融资服务方式，与创业投资、股权投资机构实现投贷联动。

政策性银行在有关部门及监管机构的指导下，加快业务范围内金融产品和服务方式创新，对符合条件的企业创新活动加大信贷支持力度。

稳步发展民营银行，建立与之相适应的监管制度，支持面向中小企业创新需求的金融产品创新。

建立知识产权质押融资市场化风险补偿机制，简化知识产权质押融资流程。加快发展科技保险，推进专利保险试点。

五　完善成果转化激励政策

强化尊重知识、尊重创新，充分体现智力劳动价值的分配导向，让科技人员在创新活动中得到合理回报，通过成果应用体现创新价值，通过成果转化创造财富。

（十三）加快下放科技成果使用权、处置权和收益权

不断总结试点经验，结合事业单位分类改革要求，尽快将财政资金支持形成的，不涉及国防、国家安全、国家利益、重大社会公共利益的科技成果的使用权、处置权和收益权，全部下放给符合条

件的项目承担单位。单位主管部门和财政部门对科技成果在境内的使用、处置不再审批或备案，科技成果转移转化所得收入全部留归单位，纳入单位预算，实行统一管理，处置收入不上缴国库。

（十四）提高科研人员成果转化收益比例

完善职务发明制度，推动修订专利法、公司法等相关内容，完善科技成果、知识产权归属和利益分享机制，提高骨干团队、主要发明人受益比例。完善奖励报酬制度，健全职务发明的争议仲裁和法律救济制度。

修订相关法律和政策规定，在利用财政资金设立的高等学校和科研院所中，将职务发明成果转让收益在重要贡献人员、所属单位之间合理分配，对用于奖励科研负责人、骨干技术人员等重要贡献人员和团队的收益比例，可以从现行不低于 20% 提高到不低于50% 。

（十五）加大科研人员股权激励力度

鼓励各类企业通过股权、期权、分红等激励方式，调动科研人员创新积极性。

对高等学校和科研院所等事业单位以科技成果作价入股的企业，放宽股权奖励、股权出售对企业设立年限和盈利水平的限制。

建立促进国有企业创新的激励制度，对在创新中作出重要贡献的技术人员实施股权和分红权激励。

积极总结试点经验，抓紧确定科技型中小企业的条件和标准。高新技术企业和科技型中小企业科研人员通过科技成果转化取得股权奖励收入时，原则上在 5 年内分期缴纳个人所得税。结合个人所得税制改革，研究进一步激励科研人员创新的政策。

六　构建更加高效的科研体系

发挥科学技术研究对创新驱动的引领和支撑作用，遵循规律、强化激励、合理分工、分类改革，增强高等学校、科研院所原始创新能力和转制科研院所的共性技术研发能力。

（十六）优化对基础研究的支持方式

切实加大对基础研究的财政投入，完善稳定支持和竞争性支持相协调的机制，加大稳定支持力度，支持研究机构自主布局科研项目，扩大高等学校、科研院所学术自主权和个人科研选题选择权。

改革基础研究领域科研计划管理方式，尊重科学规律，建立包容和支持"非共识"创新项目的制度。

改革高等学校和科研院所聘用制度，优化工资结构，保证科研人员合理工资待遇水平。完善内部分配机制，重点向关键岗位、业务骨干和作出突出成绩的人员倾斜。

（十七）加大对科研工作的绩效激励力度

完善事业单位绩效工资制度，健全鼓励创新创造的分配激励机制。完善科研项目间接费用管理制度，强化绩效激励，合理补偿项目承担单位间接成本和绩效支出。项目承担单位应结合一线科研人员实际贡献，公开公正安排绩效支出，充分体现科研人员的创新价值。

（十八）改革高等学校和科研院所科研评价制度

强化对高等学校和科研院所研究活动的分类考核。对基础和前沿技术研究实行同行评价，突出中长期目标导向，评价重点从研究成果数量转向研究质量、原创价值和实际贡献。

对公益性研究强化国家目标和社会责任评价，定期对公益性研究机构组织第三方评价，将评价结果作为财政支持的重要依据，引导建立公益性研究机构依托国家资源服务行业创新机制。

（十九）深化转制科研院所改革

坚持技术开发类科研机构企业化转制方向，对于承担较多行业共性科研任务的转制科研院所，可组建成产业技术研发集团，对行业共性技术研究和市场经营活动进行分类管理、分类考核。

推动以生产经营活动为主的转制科研院所深化市场化改革，通过引入社会资本或整体上市，积极发展混合所有制，推进产业技术联盟建设。

对于部分转制科研院所中基础研究能力较强的团队，在明确定位和标准的基础上，引导其回归公益，参与国家重点实验室建设，支持其继续承担国家任务。

（二十）建立高等学校和科研院所技术转移机制

逐步实现高等学校和科研院所与下属公司剥离，原则上高等学校、科研院所不再新办企业，强化科技成果以许可方式对外扩散。

建立完善高等学校、科研院所的科技成果转移转化的统计和报告制度，财政资金支持形成的科技成果，除涉及国防、国家安全、国家利益、重大社会公共利益外，在合理期限内未能转化的，可由国家依法强制许可实施。

七　创新培养、用好和吸引人才机制

围绕建设一支规模宏大、富有创新精神、敢于承担风险的创新型人才队伍，按照创新规律培养和吸引人才，按照市场规律让人才自由流动，实现人尽其才、才尽其用、用有所成。

（二十一）构建创新型人才培养模式

开展启发式、探究式、研究式教学方法改革试点，弘扬科学精神，营造鼓励创新、宽容失败的创新文化。改革基础教育培养模式，尊重个性发展，强化兴趣爱好和创造性思维培养。

以人才培养为中心，着力提高本科教育质量，加快部分普通本科高等学校向应用技术型高等学校转型，开展校企联合招生、联合培养试点，拓展校企合作育人的途径与方式。

分类改革研究生培养模式，探索科教结合的学术学位研究生培养新模式，扩大专业学位研究生招生比例，增进教学与实践的融合。

鼓励高等学校以国际同类一流学科为参照，开展学科国际评估，扩大交流合作，稳步推进高等学校国际化进程。

（二十二）建立健全科研人才双向流动机制

改进科研人员薪酬和岗位管理制度，破除人才流动的体制机制障碍，促进科研人员在事业单位和企业间合理流动。

符合条件的科研院所的科研人员经所在单位批准，可带着科研项目和成果、保留基本待遇到企业开展创新工作或创办企业。

允许高等学校和科研院所设立一定比例流动岗位，吸引有创新实践经验的企业家和企业科技人才兼职。试点将企业任职经历作为高等学校新聘工程类教师的必要条件。

加快社会保障制度改革，完善科研人员在企业与事业单位之间流动时社保关系转移接续政策，促进人才双向自由流动。

（二十三）实行更具竞争力的人才吸引制度

制定外国人永久居留管理的意见，加快外国人永久居留管理立法，规范和放宽技术型人才取得外国人永久居留证的条件，探索建立技术移民制度。对持有外国人永久居留证的外籍高层次人才在创办科技型企业等创新活动方面，给予中国籍公民同等待遇。

加快制定外国人在中国工作管理条例，对符合条件的外国人才给予工作许可便利，对符合条件的外国人才及其随行家属给予签证和居留等便利。对满足一定条件的国外高层次科技创新人才取消来华工作许可的年龄限制。

围绕国家重大需求，面向全球引进首席科学家等高层次科技创新人才。建立访问学者制度。广泛吸引海外高层次人才回国（来华）从事创新研究。

稳步推进人力资源市场对外开放，逐步放宽外商投资人才中介服务机构的外资持股比例和最低注册资本金要求。鼓励有条件的国内人力资源服务机构走出去与国外人力资源服务机构开展合作，在境外设立分支机构，积极参与国际人才竞争与合作。

八 推动形成深度融合的开放创新局面

坚持引进来与走出去相结合，以更加主动的姿态融入全球创新网络，以更加开阔的胸怀吸纳全球创新资源，以更加积极的策略推动技术和标准输出，在更高层次上构建开放创新机制。

（二十四）鼓励创新要素跨境流动

对开展国际研发合作项目所需付汇，实行研发单位事先承诺，商务、科技、税务部门事后并联监管。

对科研人员因公出国进行分类管理，放宽因公临时出国批次限量管理政策。

改革检验管理，对研发所需设备、样本及样品进行分类管理，在保证安全前提下，采用重点审核、抽检、免检等方式，提高审核效率。

（二十五）优化境外创新投资管理制度

健全综合协调机制，协调解决重大问题，合力支持国内技术、产品、标准、品牌走出去，开拓国际市场。强化技术贸易措施评价和风险预警机制。

研究通过国有重点金融机构发起设立海外创新投资基金，外汇储备通过债权、股权等方式参与设立基金工作，更多更好利用全球创新资源。

鼓励上市公司海外投资创新类项目，改革投资信息披露制度，在相关部门确认不影响国家安全和经济安全前提下，按照中外企业商务谈判进展，适时披露有关信息。

（二十六）扩大科技计划对外开放

制定国家科技计划对外开放的管理办法，按照对等开放、保障安全的原则，积极鼓励和引导外资研发机构参与承担国家科技计划项目。

在基础研究和重大全球性问题研究等领域，统筹考虑国家科研发展需求和战略目标，研究发起国际大科学计划和工程，吸引海外顶尖科学家和团队参与。积极参与大型国际科技合作计划。引导外资研发中心开展高附加值原创性研发活动，吸引国际知名科研机构来华联合组建国际科技中心。

九　加强创新政策统筹协调

更好发挥政府推进创新的作用。改革科技管理体制，加强创新政策评估督查与绩效评价，形成职责明晰、积极作为、协调有力、长效管用的创新治理体系。

（二十七）加强创新政策的统筹

加强科技、经济、社会等方面的政策、规划和改革举措的统筹协调和有效衔接，强化军民融合创新。发挥好科技界和智库对创新决策的支撑作用。

建立创新政策协调审查机制，组织开展创新政策清理，及时废止有违创新规律、阻碍新兴产业和新兴业态发展的政策条款，对新制定政策是否制约创新进行审查。

建立创新政策调查和评价制度，广泛听取企业和社会公众意见，定期对政策落实情况进行跟踪分析，并及时调整完善。

（二十八）完善创新驱动导向评价体系

改进和完善国内生产总值核算方法，体现创新的经济价值。研究建立科技创新、知识产权与产业发展相结合的创新驱动发展评价指标，并纳入国民经济和社会发展规划。

健全国有企业技术创新经营业绩考核制度，加大技术创新在国有企业经营业绩考核中的比重。对国有企业研发投入和产出进行分类考核，形成鼓励创新、宽容失败的考核机制。把创新驱动发展成效纳入对地方领导干部的考核范围。

（二十九）改革科技管理体制

转变政府科技管理职能，建立依托专业机构管理科研项目的机制，政府部门不再直接管理具体项目，主要负责科技发展战略、规划、政策、布局、评估和监管。

建立公开统一的国家科技管理平台，健全统筹协调的科技宏观决策机制，加强部门功能性分工，统筹衔接基础研究、应用开发、成果转化、产业发展等各环节工作。

进一步明晰中央和地方科技管理事权和职能定位，建立责权统一的协同联动机制，提高行政效能。

（三十）推进全面创新改革试验

遵循创新区域高度集聚的规律，在有条件的省（自治区、直辖市）系统推进全面创新改革试验，授权开展知识产权、科研院所、高等教育、人才流动、国际合作、金融创新、激励机制、市场准入等改革试验，努力在重要领域和关键环节取得新突破，及时总结推广经验，发挥示范和带动作用，促进创新驱动发展战略的深入实施。

各级党委和政府要高度重视，加强领导，把深化体制机制改革、加快实施创新驱动发展战略，作为落实党的十八大和十八届二中、三中、四中全会精神的重大任务，认真抓好落实。有关方面要密切配合，分解改革任务，明确时间表和路线图，确定责任部门和责任人。要加强对创新文化的宣传和舆论引导，宣传改革经验、回应社会关切、引导社会舆论，为创新营造良好的社会环境。

国务院关于大力推进大众创业万众创新若干政策措施的意见

国发〔2015〕32号

各省、自治区、直辖市人民政府，国务院各部委、各直属机构：

推进大众创业、万众创新，是发展的动力之源，也是富民之道、公平之计、强国之策，对于推动经济结构调整、打造发展新引擎、增强发展新动力、走创新驱动发展道路具有重要意义，是稳增长、扩就业、激发亿万群众智慧和创造力，促进社会纵向流动、公平正义的重大举措。根据2015年《政府工作报告》部署，为改革完善相关体制机制，构建普惠性政策扶持体系，推动资金链引导创业创新链、创业创新链支持产业链、产业链带动就业链，现提出以下意见。

一　充分认识推进大众创业、万众创新的重要意义

——推进大众创业、万众创新，是培育和催生经济社会发展新动力的必然选择。随着我国资源环境约束日益强化，要素的规模驱动力逐步减弱，传统的高投入、高消耗、粗放式发展方式难以为继，经济发展进入新常态，需要从要素驱动、投资驱动转向创新驱动。推进大众创业、万众创新，就是要通过结构性改革、体制机制创新，消除不利于创业创新发展的各种制度束缚和桎梏，支持各类市场主体不断开办新企业、开发新产品、开拓新市场，培育新兴产业，形成小企业“铺天盖地”、大企业“顶天立地”的发展格局，实现创新驱动发展，打造新引擎、形成新动力。

——推进大众创业、万众创新，是扩大就业、实现富民之道的根本举措。我国有13亿多人口、9亿多劳动力，每年高校毕业生、农村转移劳动力、城镇困难人员、退役军人数量较大，人力资源转化为人力资本的潜力巨大，但就业总量压力较大，结构性矛盾凸显。推进大众创业、万众创新，就是要通过转变政府职能、建设服

务型政府，营造公平竞争的创业环境，使有梦想、有意愿、有能力的科技人员、高校毕业生、农民工、退役军人、失业人员等各类市场创业主体“如鱼得水”，通过创业增加收入，让更多的人富起来，促进收入分配结构调整，实现创新支持创业、创业带动就业的良性互动发展。

——推进大众创业、万众创新，是激发全社会创新潜能和创业活力的有效途径。目前，我国创业创新理念还没有深入人心，创业教育培训体系还不健全，善于创造、勇于创业的能力不足，鼓励创新、宽容失败的良好环境尚未形成。推进大众创业、万众创新，就是要通过加强全社会以创新为核心的创业教育，弘扬“敢为人先、追求创新、百折不挠”的创业精神，厚植创新文化，不断增强创业创新意识，使创业创新成为全社会共同的价值追求和行为习惯。

二　总体思路

按照“四个全面”战略布局，坚持改革推动，加快实施创新驱动发展战略，充分发挥市场在资源配置中的决定性作用和更好发挥政府作用，加大简政放权力度，放宽政策、放开市场、放活主体，形成有利于创业创新的良好氛围，让千千万万创业者活跃起来，汇聚成经济社会发展的巨大动能。不断完善体制机制、健全普惠性政策措施，加强统筹协调，构建有利于大众创业、万众创新蓬勃发展的政策环境、制度环境和公共服务体系，以创业带动就业、创新促进发展。

——坚持深化改革，营造创业环境。通过结构性改革和创新，进一步简政放权、放管结合、优化服务，增强创业创新制度供给，完善相关法律法规、扶持政策和激励措施，营造均等普惠环境，推动社会纵向流动。

——坚持需求导向，释放创业活力。尊重创业创新规律，坚持以人为本，切实解决创业者面临的资金需求、市场信息、政策扶持、技术支撑、公共服务等瓶颈问题，最大限度释放各类市场主体创业创新活力，开辟就业新空间，拓展发展新天地，解放和发展生产力。

——坚持政策协同，实现落地生根。加强创业、创新、就业等各类政策统筹，部门与地方政策联动，确保创业扶持政策可操作、能落地。鼓励有条件的地区先行先试，探索形成可复制、可推广的创业创新经验。

——坚持开放共享，推动模式创新。加强创业创新公共服务资源开放共享，整合利用全球创业创新资源，实现人才等创业创新要素跨地区、跨行业自由流动。依托“互联网+”、大数据等，推动各行业创新商业模式，建立和完善线上与线下、境内与境外、政府与市场开放合作等创业创新机制。

三　创新体制机制，实现创业便利化

（一）完善公平竞争市场环境

进一步转变政府职能，增加公共产品和服务供给，为创业者提供更多机会。逐步清理并废除妨碍创业发展的制度和规定，打破地方保护主义。加快出台公平竞争审查制度，建立统一透明、有序规范的市场环境。依法反垄断和反不正当竞争，消除不利于创业创新发展的垄断协议和滥用市场支配地位以及其他不正当竞争行为。清理规范涉企收费项目，完善收费目录管理制度，制定事中事后监管办法。建立和规范企业信用信息发布制度，制定严重违法企业名单管理办法，把创业主体信用与市场准入、享受优惠政策挂钩，完善以信用管理为基础的创业创新监管模式。

（二）深化商事制度改革

加快实施工商营业执照、组织机构代码证、税务登记证“三证合一”和“一照一码”，落实“先照后证”改革，推进全程电子化登记和电子营业执照应用。支持各地结合实际放宽新注册企业场所登记条件限制，推动“一址多照”、集群注册等住所登记改革，为创业创新提供便利的工商登记服务。建立市场准入等负面清单，破除不合理的行业准入限制。开展企业简易注销试点，建立便捷的市场退出机制。依托企业信用信息公示系统建立小微企业名录，增强创业企业信息透明度。

（三）加强创业知识产权保护

研究商业模式等新形态创新成果的知识产权保护办法。积极推进知识产权交易，加快建立全国知识产权运营公共服务平台。完善知识产权快速维权与维权援助机制，缩短确权审查、侵权处理周期。集中查处一批侵犯知识产权的大案要案，加大对反复侵权、恶意侵权等行为的处罚力度，探索实施惩罚性赔偿制度。完善权利人维权机制，合理划分权利人举证责任，完善行政调解等非诉讼纠纷解决途径。

（四）健全创业人才培养与流动机制

把创业精神培育和创业素质教育纳入国民教育体系，实现全社会创业教育和培训制度化、体系化。加快完善创业课程设置，加强创业实训体系建设。加强创业创新知识普及教育，使大众创业、万众创新深入人心。加强创业导师队伍建设，提高创业服务水平。加快推进社会保障制度改革，破除人才自由流动制度障碍，实现党政机关、企事业单位、社会各方面人才顺畅流动。加快建立创业创新绩效评价机制，让一批富有创业精神、勇于承担风险的人才脱颖而出。

四　优化财税政策，强化创业扶持

（五）加大财政资金支持和统筹力度

各级财政要根据创业创新需要，统筹安排各类支持小微企业和创业创新的资金，加大对创业创新支持力度，强化资金预算执行和监管，加强资金使用绩效评价。支持有条件的地方政府设立创业基金，扶持创业创新发展。在确保公平竞争前提下，鼓励对众创空间等孵化机构的办公用房、用水、用能、网络等软硬件设施给予适当优惠，减轻创业者负担。

（六）完善普惠性税收措施

落实扶持小微企业发展的各项税收优惠政策。落实科技企业孵化器、大学科技园、研发费用加计扣除、固定资产加速折旧等税收优惠政策。对符合条件的众创空间等新型孵化机构适用科技企业孵化器税收优惠政策。按照税制改革方向和要求，对包括天使投资在内的投向种子期、初创期等创新活动的投资，统筹研究相关税收支持政策。修订完善高新技术企业认定办法，完善创业投资企业享受70%应纳税所得额税收抵免政策。抓紧推广中关村国家自主创新示范区税收试点政策，将企业转增股本分期缴纳个人所得税试点政策、股权奖励分期缴纳个人所得税试点政策推广至全国范围。落实促进高校毕业生、残疾人、退役军人、登记失业人员等创业就业税收政策。

（七）发挥政府采购支持作用

完善促进中小企业发展的政府采购政策，加强对采购单位的政策指导和监督检查，督促采购单位改进采购计划编制和项目预留管理，增强政策对小微企业发展的支持效果。加大创新产品和服务的采购力度，把政府采购与支持创业发展紧密结合起来。

五　搞活金融市场，实现便捷融资

（八）优化资本市场

支持符合条件的创业企业上市或发行票据融资，并鼓励创业企业通过债券市场筹集资金。积极研究尚未盈利的互联网和高新技术企业到创业板发行上市制度，推动在上海证券交易所建立战略新兴产业板。加快推进全国中小企业股份转让系统向创业板转板试点。研究解决特殊股权结构类创业企业在境内上市的制度性障碍，完善资本市场规则。规范发展服务于中小微企业的区域性股权市场，推动建立工商登记部门与区域性股权市场的股权登记对接机制，支持股权质押融资。支持符合条件的发行主体发行小微企业增信集合债等企业债券创新品种。

（九）创新银行支持方式

鼓励银行提高针对创业创新企业的金融服务专业化水平，不断创新组织架构、管理方式和金融产品。推动银行与其他金融机构加强合作，对创业创新活动给予有针对性的股权和债权融资支持。鼓励银行业金融机构向创业企业提供结算、融资、理财、咨询等一站式系统化的金融服务。

（十）丰富创业融资新模式

支持互联网金融发展，引导和鼓励众筹融资平台规范发展，开展公开、小额股权众筹融资试点，加强风险控制和规范管理。丰富完善创业担保贷款政策。支持保险资金参与创业创新，发展相互保险等新业务。完善知识产权估值、质押和流转体系，依法合规推动知识产权质押融资、专利许可费收益权证券化、专利保险等服务常态化、规模化发展，支持知识产权金融发展。

六 扩大创业投资，支持创业起步成长

（十一）建立和完善创业投资引导机制

不断扩大社会资本参与新兴产业创投计划参股基金规模，做大直接融资平台，引导创业投资更多向创业企业起步成长的前端延伸。不断完善新兴产业创业投资政策体系、制度体系、融资体系、监管和预警体系，加快建立考核评价体系。加快设立国家新兴产业创业投资引导基金和国家中小企业发展基金，逐步建立支持创业创新和新兴产业发展的市场化长效运行机制。发展联合投资等新模式，探索建立风险补偿机制。鼓励各地方政府建立和完善创业投资引导基金。加强创业投资立法，完善促进天使投资的政策法规。促进国家新兴产业创业投资引导基金、科技型中小企业创业投资引导基金、国家科技成果转化引导基金、国家中小企业发展基金等协同联动。推进创业投资行业协会建设，加强行业自律。

（十二）拓宽创业投资资金供给渠道

加快实施新兴产业“双创”三年行动计划，建立一批新兴产业“双创”示范基地，引导社会资金支持大众创业。推动商业银行在依法合规、风险隔离的前提下，与创业投资机构建立市场化长期性合作。进一步降低商业保险资金进入创业投资的门槛。推动发展投贷联动、投保联动、投债联动等新模式，不断加大对创业创新企业的融资支持。

（十三）发展国有资本创业投资

研究制定鼓励国有资本参与创业投资的系统性政策措施，完善国有创业投资机构激励约束机制、监督管理机制。引导和鼓励中央企业和其他国有企业参与新兴产业创业投资基金、设立国有资本创业投资基金等，充分发挥国有资本在创业创新中的作用。研究完善国有创业投资机构国有股转持豁免政策。

（十四）推动创业投资“引进来”与“走出去”

抓紧修订外商投资创业投资企业相关管理规定，按照内外资一致的管理原则，放宽外商投资准入，完善外资创业投资机构管理制度，简化管理流程，鼓励外资开展创业投资业务。放宽对外资创业投资基金投资限制，鼓励中外合资创业投资机构发展。引导和鼓励创业投资机构加大对境外高端研发项目的投资，积极分享境外高端技术成果。按投资领域、用途、募集资金规模，完善创业投资境外投资管理。

七　发展创业服务，构建创业生态

（十五）加快发展创业孵化服务

大力发展创新工场、车库咖啡等新型孵化器，做大做强众创空间，完善创业孵化服务。引导和鼓励各类创业孵化器与天使投资、创业投资相结合，完善投融资模式。引导和推动创业孵化与高校、科研院所等技术成果转移相结合，完善技术支撑服务。引导和鼓励国内资本与境外合作设立新型创业孵化平台，引进境外先进创业孵化模式，提升孵化能力。

（十六）大力发展第三方专业服务

加快发展企业管理、财务咨询、市场营销、人力资源、法律顾问、知识产权、检验检测、现代物流等第三方专业化服务，不断丰富和完善创业服务。

（十七）发展“互联网+”创业服务

加快发展“互联网+”创业网络体系，建设一批小微企业创业创新基地，促进创业与创新、创业与就业、线上与线下相结合，降低全社会创业门槛和成本。加强政府数据开放共享，推动大型互联网企业和基础电信企业向创业者开放计算、存储和数据资源。积极推广众包、用户参与设计、云设计等新型研发组织模式和创业创新模式。

（十八）研究探索创业券、创新券等公共服务新模式

有条件的地方继续探索通过创业券、创新券等方式对创业者和创新企业提供社会培训、管理咨询、检验检测、软件开发、研发设计等服务，建立和规范相关管理制度和运行机制，逐步形成可复制、可推广的经验。

八　建设创业创新平台，增强支撑作用

（十九）打造创业创新公共平台

加强创业创新信息资源整合，建立创业政策集中发布平台，完善专业化、网络化服务体系，增强创业创新信息透明度。鼓励开展各类公益讲坛、创业论坛、创业培训等活动，丰富创业平台形式和内容。支持各类创业创新大赛，定期办好中国创新创业大赛、中国农业科技创新创业大赛和创新挑战大赛等赛事。加强和完善中小企业公共服务平台网络建设。充分发挥企业的创新主体作用，鼓励和支持有条件的大型企业发展创业平台、投资并购小微企业等，支持企业内外部创业者创业，增强企业创业创新活力。为创业失败者再创业建立必要的指导和援助机制，不断增强创业信心和创业能力。加快建立创业企业、天使投资、创业投资统计指标体系，规范统计口径和调查方法，加强监测和分析。

（二十）用好创业创新技术平台

建立科技基础设施、大型科研仪器和专利信息资源向全社会开放的长效机制。完善国家重点实验室等国家级科研平台（基地）向社会开放机制，为大众创业、万众创新提供有力支撑。鼓励企业建立一批专业化、市场化的技术转移平台。鼓励依托三维（3D）打印、网络制造等先进技术和发展模式，开展面向创业者的社会化服务。引导和支持有条件的领军企业创建特色服务平台，面向企业内部和外部创业者提供资金、技术和服务支撑。加快建立军民两用技术项目实施、信息交互和标准化协调机制，促进军民创新资源融合。

（二十一）发展创业创新区域平台

支持开展全面创新改革试验的省（区、市）、国家综合配套改革试验区等，依托改革试验平台在创业创新体制机制改革方面积极探索，发挥示范和带动作用，为创业创新制度体系建设提供可复制、可推广的经验。依托自由贸易试验区、国家自主创新示范区、战略性新兴产业集聚区等创业创新资源密集区域，打造若干具有全球影响力的创业创新中心。引导和鼓励创业创新型城市完善环境，推动区域集聚发展。推动实施小微企业创业基地城市示范。鼓励有条件的地方出台各具特色的支持政策，积极盘活闲置的商业用房、工业厂房、企业库房、物流设施和家庭住所、租赁房等资源，为创业者提供低成本办公场所和居住条件。

九　激发创造活力，发展创新型创业

（二十二）支持科研人员创业

加快落实高校、科研院所等专业技术人员离岗创业政策，对经同意离岗的可在3年内保留人事关系，建立健全科研人员双向流动机制。进一步完善创新型中小企业上市股权激励和员工持股计划制度规则。鼓励符合条件的企业按照有关规定，通过股权、期权、分红等激励方式，调动科研人员创业积极性。支持鼓励学会、协会、研究会等科技社团为科技人员和创业企业提供咨询服务。

（二十三）支持大学生创业

深入实施大学生创业引领计划，整合发展高校毕业生就业创业基金。引导和鼓励高校统筹资源，抓紧落实大学生创业指导服务机构、人员、场地、经费等。引导和鼓励成功创业者、知名企业家、天使和创业投资人、专家学者等担任兼职创业导师，提供包括创业方案、创业渠道等创业辅导。建立健全弹性学制管理办法，支持大学生保留学籍休学创业。

（二十四）支持境外人才来华创业

发挥留学回国人才特别是领军人才、高端人才的创业引领带动作用。继续推进人力资源市场对外开放，建立和完善境外高端创业创新人才引进机制。进一步放宽外籍高端人才来华创业办理签证、永久居留证等条件，简化开办企业审批流程，探索由事前审批调整为事后备案。引导和鼓励地方对回国创业高端人才和境外高端人才来华创办高科技企业给予一次性创业启动资金，在配偶就业、子女入学、医疗、住房、社会保障等方面完善相关措施。加强海外科技人才离岸创业基地建设，把更多的国外创业创新资源引入国内。

十 拓展城乡创业渠道，实现创业带动就业

（二十五）支持电子商务向基层延伸

引导和鼓励集办公服务、投融资支持、创业辅导、渠道开拓于一体的市场化网商创业平台发展。鼓励龙头企业结合乡村特点建立电子商务交易服务平台、商品集散平台和物流中心，推动农村依托互联网创业。鼓励电子商务第三方交易平台渠道下沉，带动城乡基层创业人员依托其平台和经营网络开展创业。完善有利于中小网商发展的相关措施，在风险可控、商业可持续的前提下支持发展面向中小网商的融资贷款业务。

（二十六）支持返乡创业集聚发展

结合城乡区域特点，建立有市场竞争力的协作创业模式，形成各具特色的返乡人员创业联盟。引导返乡创业人员融入特色专业市场，打造具有区域特点的创业集群和优势产业集群。深入实施农村青年创业富民行动，支持返乡创业人员因地制宜围绕休闲农业、农产品深加工、乡村旅游、农村服务业等开展创业，完善家庭农场等新型农业经营主体发展环境。

（二十七）完善基层创业支撑服务

加强城乡基层创业人员社保、住房、教育、医疗等公共服务体系建设，完善跨区域创业转移接续制度。健全职业技能培训体系，加强远程公益创业培训，提升基层创业人员创业能力。引导和鼓励中小金融机构开展面向基层创业创新的金融产品创新，发挥社区地理和软环境优势，支持社区创业者创业。引导和鼓励行业龙头企业、大型物流企业发挥优势，拓展乡村信息资源、物流仓储等技术和服务网络，为基层创业提供支撑。

十一　加强统筹协调，完善协同机制

（二十八）加强组织领导

建立由发展改革委牵头的推进大众创业、万众创新部际联席会议制度，加强顶层设计和统筹协调。各地区、各部门要立足改革创新，坚持需求导向，从根本上解决创业创新中面临的各种体制机制问题，共同推进大众创业、万众创新蓬勃发展。重大事项要及时向国务院报告。

（二十九）加强政策协调联动

建立部门之间、部门与地方之间政策协调联动机制，形成强大合力。各地区、各部门要系统梳理已发布的有关支持创业创新发展的各项政策措施，抓紧推进“立、改、废”工作，将对初创企业的扶持方式从选拔式、分配式向普惠式、引领式转变。建立健全创业创新政策协调审查制度，增强政策普惠性、连贯性和协同性。

（三十）加强政策落实情况督查

加快建立推进大众创业、万众创新有关普惠性政策措施落实情况督查督导机制，建立和完善政策执行评估体系和通报制度，全力打通决策部署的“最先一公里”和政策落实的“最后一公里”，确保各项政策措施落地生根。

各地区、各部门要进一步统一思想认识，高度重视、认真落实本意见的各项要求，结合本地区、本部门实际明确任务分工、落实工作责任，主动作为、敢于担当，积极研究解决新问题，及时总结推广经验做法，加大宣传力度，加强舆论引导，推动本意见确定的各项政策措施落实到位，不断拓展大众创业、万众创新的空间，汇聚经济社会发展新动能，促进我国经济保持中高速增长、迈向中高端水平。

国务院

2015 年 6 月 11 日

郑州市中原区桐柏路街道办事处
网格职责、工作任务与巡查指南

一 网格工作职责

（一）一级网格职责

1. 全面负责街道整个管理网格的运行，对网格内的重大事项进行决策、部署。

2. 负责一级网格数据信息收集整理上报、台账汇总上报、档案整理归档。

3. 负责对街道、社区（村）信息平台的日常维护、安全管理，保证设备的正常运行。

4. 对二级网格反映的问题进行处置，超出职权范围解决不了的，按程序逐级上报解决。

5. 对二级、三级网格工作人员履职尽责情况进行督查、考核。

（二）二级网格工作职责

1. 受理居民群众投诉、表格登记、证件办理等日常业务工作。

2. 受理三级网格上报的疑难问题，并在二级网格职权范围内予以协调解决，对于超出职权范围且无力解决的，及时向街道一级网格受理中心上报。

3. 加强与区直职能部门、街道科室的沟通联系，对三级网格开展情况进行监督指导，协调处理有关问题；做好网格内各类数据、台账的汇总、上报和档案的整理与管理工作，并做好网格内相关信息的上报。

4. 设立三级网格与执法人员之间的联络员岗位，做好信息联络沟通。

5. 每周召开一次三级网格负责人和区直单位联系社区（村）人员工作例会，分析研究有关问题，适时组织开展联合执法活动，解

决疑难问题。

6. 每天将本级网格内的工作开展情况记入《民情日志》。

（三）三级网格工作职责

1. 全面负责网格片区内市场监管、社会管理、公共服务三大类信息资源收集、整理与上报工作，全面掌握辖区内政治、经济、文化、社会等各项活动情况，对片区内的“人、地、物、情、事、组织”做到底数清、情况明、了如指掌。

2. 严格执行日巡查、日走访制度。每天在网格片区内至少开展一次全面巡查工作，确保问题及时发现。

3. 对发现的问题进行调查了解和解决，属于职权范围内的第一时间处理化解，超出职权范围且无能力解决的，及时向上级网格反映，同时做好监督执法、协助执法、宣传教育、整改确认、情况反馈等工作，促进问题有效解决。

4. 对科室、社区（村）、区直单位联系人员、上级交办或其他途径发现的问题，及时赶到现场了解情况，并做好化解、处理、协助执法等工作，确保有关问题及时解决。

5. 每天将网格片区内的巡查、走访情况建立网格化管理台账，记入《民情日志》，同时录入社区信息平台。

（四）区职能部门下派人员工作职责

1. 负责归属本单位的行业监管工作，巡查发现问题并及时做出处置。

2. 负责与街道相关业务科室、二级网格负责人沟通联系，指导其开展业务工作。

3. 负责受理分包社区（村）反映的涉及自身业务的问题，及时赶赴现场解决问题，对现场不能处理或超出职权范围的，第一时间向本单位报告，并及时向街道、社区（村）反馈处理结果。

4. 接受街道和二级网格的管理、监督，参加周例会和联合执法行动。

5. 整理记录街道、社区（村）反映问题和自身发现问题的处理情况，存档备案。

（五）群众工作队员工作职责

1. 帮助街道建立新的工作运行机制和管理平台，协助开展网格化管理工作。

2. 协助二级网格负责人做好日巡查工作，协助做好具体事务处理和矛盾纠纷调处工作。

3. 推进本部门业务工作在街道辖区落实；帮助街道制订经济社会中长期发展规划。

4. 深入了解社情民意，帮助解决实际问题。

5. 接受街道统一管理，定期向街道通报工作进展情况。

二　桐柏路街道网格工作任务

（一）市场监管类

1. 了解掌握辖区内沿街门店、市场、超市、书店、音像店、报刊亭、网吧、电子游戏厅、歌舞娱乐场所、医院诊所、公司等经营情况，查看有无非法生产、非法经营、非法建设等情况。

2. 了解掌握辖区单位、企业是否存在制假售假、逃税骗税、哄抬物价、强买强卖、违规生产、集资诈骗、高息揽储、传销等违法违规行为。

3. 了解掌握辖区单位、企业安全生产、消防安全、食品药品安全和特种设备使用情况；了解是否存在黑用工、黑中介、黑作坊、黑诊所，是否存在非法控制专业市场的黑恶势力。

4. 了解掌握辖区内企业商户是否存在无资质经营、违规接管、违规经营等现象；了解出租房屋是否符合出租条件、是否登记备案。

（二）社会管理类

1. 深入辖区家属楼院、沿街门店、市场、工地，定期排查、掌握辖区矛盾纠纷和群体性事件苗头，健全基层信访稳定风险评估、矛盾纠纷排查预警和调解处置机制，做好矛盾排查预警和协调处置工作。

2. 加强调解组织和调解队伍建设，开展法制宣传教育工作，引导群众依法反映问题。加强综治基层基础建设，整合辖区有关资源和力量，形成责任明确、程序规范、反应迅速的群防群治体系。

3. 了解掌握城市流动人口、进城务工人员、辖区低保和低收入人员的基本情况，做好思想教育和有关政策宣传及各项管理服务工作，帮助其解决好生活问题。协助做好辖区刑释解教人员、精神病患者的帮扶、服务和管理工作。

4. 了解掌握辖区内市政、环卫及公共设施情况，掌握路面维护、道路保洁、占道经营、河道水系景观等情况。

5. 了解掌握辖区工地及楼院有关建设情况，查看有关建设许可证件、农民工工资发放、扬尘治理和防汛防护设施等情况。

（三）公共服务类

1. 了解掌握本辖区下岗失业、就业困难人员基本情况，开展就业培训和职业指导，帮助其实现就业再就业。

2. 协助做好离退休人员的服务管理及养老金资格申领及发放、丧葬补助费和遗属津贴的申请、服务工作，做好特困退休人员的探访、慰问、帮扶工作。

3. 做好城乡居民养老保险、社会保险和医疗保险相关政策的宣传及参保人员的调查、认证、登记等工作。配合做好城乡居民最低生活保障、城市低收入、五保供养、医疗救助、教育救助、孤儿救助等相关工作。建立困难群众帮扶机制，帮助解决困难群众生产生活中遇到的实际困难和问题。

4. 落实计划生育政策、独生子女政策，积极开展计划生育维权服务和咨询服务，深入推进出生缺陷干预工程，做好性别比综合治理工作，切实加强流动人口管理与服务工作。

5. 做好精神文明建设、民族宗教、统战、工青妇、老干部、残联、科协、民兵预备役、拥军优属等工作，促进村组和谐发展。

三　桐柏路街道网格巡查指南

（一）市场监管类

1. 非法生产：着重巡查没有按规定申请和领取生产许可证及营业执照而擅自生产的；领取了生产许可证和营业执照，但不按国家的法规和标准生产或不按营业执照核定范围生产的。

A. 检查单位应持有的通用证件：

a. 工商营业执照；

b. 税务登记证件。

B. 检查单位应持有的特殊证件：

a. 生产企业应有生产许可证；

b. 楼宇企业、单位应有《组织机构代码证》；

c. 餐饮机构应有《食品卫生许可证》，从业人员应有健康证明，其中，清真食品经营商户还应有《清真食品经营许可证》、清真食品信誉标牌。

2. 非法经营：着重巡查未经许可经营专营、专卖物品或其他限制买卖的物品，买卖进出口许可证、进出口原产地证明以及其他法律、行政法规规定的经营许可证或者批准文件，以及从事其他非法经营活动，扰乱市场秩序，情节严重的。

A. 检查单位应持有的通用证件：

a. 工商营业执照；

b. 税务登记证件。

B. 检查单位应持有的特殊证件：

a. 网吧、电脑休闲室、电子游戏厅、歌舞娱乐场所应有《网络文化经营许可证》；

b. 公共场所如商场、酒店、宾馆、超市等应有卫生许可证、消防安全许可证，从业人员应有健康证明；

c. 医疗单位应有《医疗机构执业许可证》，从业人员应有《医师执业证书》和《医师资格证书》，药店应有《药品经营许可证》；

d. 放射诊疗单位应有《放射诊疗许可证》，从业人员应有《医师执业证书》《医师资格证书》和培训合格证；

e. 液化石油气经营单位应有经营许可证；

f. 书店、音像店、报刊亭应有《出版物经营许可证》；

g. 举办营业性活动的组织或个人应有演出所在地县级文化行政部门的批准文件；

h. 印刷复制企业、打印复印店应有《印刷经营许可证》；

i. 运输企业应有《道路运输经营许可证》；

j. 粮食收购者应有《粮食收购许可证》，并有粮油经营台账和粮食仓储设施、设备；

k. 公办幼儿园应有注册证，民办学校、幼儿园应有《民办学校办学许可证》、场地消防验收意见及房屋建筑质量验收意见，以及教师资格证和校长资格证，民办职业学校应有职业资格证书和职业介绍资格证书，午托机构应有办托资质证明；

l. 旅行社应有《旅行社业务经营许可证》，旅行社服务网点应有《旅行社服务网点备案登记证明》；

m. 宗教活动场所应有《宗教活动场所登记证》；

n. 物业管理公司应有《收费许可证》或收费备案函。

3. 非法建设：着重巡查建筑面积在 300 平方米以上且造价 30 万元以上的各类新建、改建、扩建工程（如厂房、仓库等，民房除外），无开工报告或施工许可证的。

在建工程应有土地使用证或者相关土地批文，同时国有土地在建工程应有市级建设行政管理部门颁发的建设工程许可证，集体土地在建工程应有区级建设行政管理部门颁发的建设许可证，还应有《建设工程规划许可证》、建设工程规划总平面图。

4. 黑用工：着重巡查用工单位违反劳动法有关规定与劳动者建立劳动关系和非法用工现象（包括使用童工、未经备案登记招用员工、暴力强迫、非法限制劳动者人身自由等行为）。

5. 黑作坊：着重巡查食品加工小作坊（如豆腐、豆腐皮等制品生产加工制作点），涉嫌商标侵权、虚假宣传、无照经营的制假窝点等。

6. 黑诊所：着重巡查未取得医疗机构许可证、许可证被注销或超出规定期限未审验而擅自开展诊疗活动的医疗机构。

7. 黑网吧：着重巡查已经办过前置手续但未办理营业执照，或未办理任何手续的网吧。

（二）社会管理类

1. 消防安全：着重巡查企事业单位、商户、经营门店是否按要求配备消防器材，制定消防措施，消防器材是否通过消防部门的定期检查验收，消防通道是否畅通等。

2. 特种设备安全：着重巡查涉及生命安全、危险性较大的锅炉、压力容器、压力管道、电梯、起重机械、客运索道、大型游乐设施等特种设备是否具有使用登记证、检验报告、操作人员证照等证件。

A. 特殊设备（锅炉、压力容器、电梯、大型游乐设施）应在质监部门登记；

B. 特种设备应定期检测并合格，年检标志应置于设备显著位置；

C. 操作人员应有特种作业人员证书。

3. 矛盾纠纷和信访稳定：通过入户调查、走访慰问等方式对辖区矛盾纠纷、信访隐患及其他不稳定因素进行排查梳理，及时化解或上报。

4. 道路市政设施养护：着重巡查雨污水井盖和管线井盖丢失，道路出现坑槽是否及时挖补，人行道、路侧石、雨污水井及井盖是否维修，损坏路灯是否及时更换等。

5. 农村环境卫生：着重巡查村容村貌及道路是否卫生保洁，背街小巷、公共场所、房前屋后垃圾是否收集清运，白色污染、建筑垃圾及小广告是否清理到位等。

6. 占道经营：着重巡查擅自占用公共道路、地下通道、人行天桥及其他公共场所设摊经营、兜售物品等行为。

（三）公共服务类

1. 就业再就业：对劳动就业情况进行统计汇总，掌握辖区“4050”人员、“零就业家庭”等困难就业人员情况。

2. 计划生育：重点巡查计划生育政策、独生子女政策是否落实到位，是否存在计划外生育现象，流动人口管理与服务工作是否到位等。

3. 困难群体：通过走访慰问、扶贫济困、帮孤助残、志愿服务等活动，为低保对象、五保户、残疾人、重点优抚对象、特困职工、贫困老党员、离退休老干部提供生活、医疗等方面的帮助，对特殊困难家庭子女、留守儿童开展义务家教、心理辅导等活动。

参考文献

1. ［美］B. 盖伊·彼得斯：《政府未来的治理模式》，吴爱明、夏宏图译，中国人民大学出版社2013年版。

2. ［美］彼得·德鲁克：《创新与企业家精神》，蔡文燕译，机械工业出版社2009年版。

3. ［美］彼得·圣吉：《第五项修炼——学习型组织的艺术与实务》，郭进隆译，上海三联书店2003年版。

4. 薄谊萍：《坚持党的群众路线与创新社会治理——以北京市西城区为例》，《理论与改革》2015年第5期。

5. 曹平：《社会治理“微创新”也给力》，《人民日报》2016年3月2日第07版。

6. 陈芬：《豆瓣：小清新的商业路》，《中国经济信息》2013年第12期。

7. 陈丽菲、施隽南：《成功的“豆瓣”营销模式》，《编辑学刊》2011年第2期。

8. ［美］德鲁·博迪、雅各布·戈登堡：《微创新——5种微小改变创造伟大产品》，钟莉婷译，中信出版社2014年版。

9. ［英］蒂姆·琼斯：《创新的前沿：要么创新要么淘汰——世界500强企业创新战略以及经典案例》，刘文华译，中华工商联合出版社2006年版。

10. 丁煌：《西方行政学理论概要》，中国人民大学出版社2011年版。

11. 丁家云、谭艳华：《管理学：理论、方法与实践》，中国科学技术大学出版社2010年版。
12. 杜雯翠、高明华：《市场结构、企业家能力与经营绩效——来自中国上市公司的经验证据》，《浙江工商大学学报》2013年第1期。
13. 冯克亮：《中小企业创新发展的路径选择》，《中国集体经济》2013年第25期。
14. 扶庆：《执法“微创新”万不可“破格执法”》，《民主与法制时报》2014年12月8日第017版。
15. 盖诗思：《新时期的中小企业发展途径探析》，《现代经济信息》2014年第11期。
16. 高万里：《从小米手机的发展谈国产手机未来变革之路》，《吉林农业科技学院学报》2015年第1期。
17. 高笛：《豆瓣阅读：走在印刷机之前》，《出版人》2015年第1期。
18. 弋一：《小米手机的粉丝经济》，《国企》2013年第2期。
19. 耿东海：《浅谈我国中小企业微创新能力》，《中国集体经济》2013年第25期。
20. 龚璇：《我国中小企业划型新标准》，《中国中小企业》2011年第9期。
21. 关崇威：《文艺范儿》，《新经济》2013年第12期。
22. 郭东强：《小米手机模式对中小企业发展的启示》，《中小企业管理与科技》2014年第1期。
23. 韩秋芬、宫一宁：《三全食品香飘世界——记郑州三全食品股份有限公司董事长陈泽民》，《中国质量与品牌》2005年第11期。
24. 韩伟：《社会治理需要遵循民主法治导向——对基层社区网格化社会治理的反思》，《理论导刊》2016年第1期。
25. 贺林：《小米手机公司的发展战略研究》，硕士学位论文，北京邮电大学，2013年。
26. 衡虹、何丽峰：《新时期企业管理和服务创新的探索与分析——

海底捞的做法与启示》，《经济界》2013 年第 2 期。
27. ［美］亨利·切萨布鲁夫：《开放式创新——进行技术创新并从中赢利的新规则》，金马译，清华大学出版社 2005 年版。
28. 胡炜：《微创新时代的生活》，《创新科技》2013 年第 9 期。
29. 黄晨、聂竹明：《Web 2.0 时代完善网络教育评价的思考——来自“豆瓣网”的启示》，《现代教育技术》2013 年第 4 期。
30. 江积海、周长辉：《谭木匠：我善治木》，《管理案例研究与评论》2011 年第 1 期。
31. 蒋文剑：《微创新撬动大体验》，《销售与市场》（管理版）2012 年第 12 期。
32. 姜晓萍、焦艳：《从“网格化管理”到“网格化治理”的内涵式提升》，《理论探讨》2015 年第 6 期。
33. 金错刀：《微创新的“三点式”思维》，《新闻实践》2013 年第 6 期。
34. 金错刀：《微革命——微小的创新颠覆世界》，印刷工业出版社 2010 年版。
35. 孔平生：《正确看待企业“微创新”》，《中国电力企业管理》2014 年第 5 期。
36. 雷家骕、洪军：《技术创新管理》，机械工业出版社 2012 年版。
37. 李昂：《文艺青年杨勃和他的豆瓣网》，《劳动保障世界》2012 年第 6 期。
38. 李光谱、李金香、田秀群等：《三全食品的创新与竞争力研究——基于产业集群角度的分析》，《河南商业高等专科学校学报》2008 年第 3 期。
39. 李洁然：《中小企业创新政策协同作用的机理分析及绩效研究》，硕士学位论文，河北经贸大学，2014 年。
40. 李红澄、杨霞：《豆瓣阅读“自出版”的特点及发展前景探析》，《出版广角》2015 年第 3 期。
41. 李森森：《我国科技型小微企业成长的影响因素研究》，博士学位论文，山东大学，2014 年。
42. 李晓俊：《凡客口碑营销研究》，硕士学位论文，云南大学，2012 年。
43. 梁钧：《微创新引领大格局》，《销售与市场》（管理版）2013 年第 2 期。
44. 林云、冯钊：《数字阅读环境下的国内书评网站——以豆瓣网为例》，《图书馆研究》2014 年第 3 期。
45. 刘春雄：《大象的倒下与蚂蚁的突变》，《销售与市场》（评论版）2015 年第 2 期。
46. 刘华涛：《以服务型政府建设推进社会管理》，《领导科学》2011 年第 11（中）期。
47. 刘华涛：《服务型政府建设对党政领导干部的能力需求》，《求实》2012 年第 1 期。
48. 刘华涛：《论整合机制推进下的服务型政府建设》，《商业时代》2012 年第 12 期。
49. 刘华涛：《新形势下做好群众工作的思考》，载中共河南省委宣传部编《真心实意为人民——探索新形势下坚持和发展党的群众路线的特点和规律》，河南人民出版社 2014 年版。
50. 刘佳：《TAM 和心流理论下的顾客持续使用行为——基于小米案例研究》，硕士学位论文，大连理工大学，2014 年。
51. 刘兰华：《以信息化为平台的基层政府社会管理机制创新——上海市闵行区“大联动”机制的探索与启示》，《中州学刊》2014 年第 10 期。
52. 刘路婷、赵彬旭、余智敏：《何为微创新》，《全国商情（理论研究）》2014 年第 7 期。
53. 刘瑞、武少俊、王玉清：《社会发展中的宏观管理》，中国人民大学出版社 2005 年版。
54. 刘文华、阮值华：《众包：让消费者参与创新》，《企业管理》2009 年第 7 期。

55. 刘文艳：《微创新助跑行业大变革》，《泉州晚报》2014 年 4 月 17 日第 008 版。
56. 刘雪松、宁虹超：《社会治理与社会治理法治化》，《学习与探索》2015 年第 10 期。
57. 刘增明：《小米手机的差异化战略与创新管理策略分析》，《中国商贸》2013 年第 2 期。
58. 卢现祥：《新制度经济学》，武汉大学出版社 2011 年版。
59. 罗贵希：《掘金"微创新"》，《全国商情》2013 年第 17 期。
60. 马晓苗：《企业微创新的内涵、特征及其价值实现机理》，《商业研究》2015 年第 1 期。
61. 牛禄青：《经济转型呼唤微创新》，《新经济导刊》2013 年第 7 期。
62. ［英］珀威茨·K. 阿曼德、查尔斯·D. 谢泼德：《创新管理：情境、战略、系统和流程》，陈劲译，北京大学出版社 2014 年版。
63. 邵学清：《企业微创新　政府大作为》，《学习时报》2015 年 2 月 2 日第 007 版。
64. 申微：《奇虎 360 微创新之道》，《创新科技》2011 年第 4 期。
65. ［美］斯蒂芬·P. 罗宾斯、戴维·A. 德森佐、罗伯特·M. 沃尔特：《管理学》，李自杰、刘畅、赵众一等译，机械工业出版社 2013 年版。
66. 苏敬勤、朱方伟、王淑娟编：《中国第三届 MBA 管理案例评选百优案例集锦》，科学出版社 2013 年版。
67. 孙仁祥：《论微创新助推中小企业提升核心竞争力》，《学术交流》2013 年第 7 期。
68. 孙兆刚：《产品微创新的实施与对策研究》，《科技进步与对策》2014 年第 7 期。
69. 涂永式、任重：《消费者创新：营销理论的新发展》，《市场营销导刊》2008 年第 1 期。

70. 王晶：《小米手机：互联网思维下的空手道》，《中国商人》2014 年第 3 期。
71. 王丽娜、李彬彬：《基于用户体验的产品“微创新”设计评价研究》，《价值工程》2012 年第 20 期。
72. 王立卫：《战略成本管理在互联网经济模式下的应用——以小米科技为例》，《新西部》（理论版）2013 年第 5 期。
73. 汪罗：《本尼斯：组织发展理论创始人》，《当代电力文化》2014 年第 8 期。
74. 王名等：《社会组织与社会治理》，社会科学文献出版社 2014 年版。
75. 王清波、王河、翟洪亮：《广东：“微创新”提升服务效率 “微改革”激发基层活力——粤警创新大赛推动公安改革和“四项建设”》，《人民公安报》2015 年 5 月 22 日第 001 版。
76. 王清波、张雄、陈小劲：《惠州：“微创新”创出新科技 “微改革”改出高效能》，《人民公安报》2015 年 7 月 27 日第 004 版。
77. 王清波、张雄、王宇声：《珠海：每项“微改革”、“微创新”都有民本情怀》，《人民公安报》2015 年 7 月 26 日第 001 版。
78. 王清波、张雄、谢小霓：《汕头：基层“微创新”成为最扎实的战斗力》，《人民公安报》2015 年 7 月 28 日第 004 版。
79. 王睿：《小米手机战略定位分析》，《河北经贸大学学报》2014 年第 3 期。
80. 王晓芸、宋敬业、张莉华：《拓展网格化：提升城市综合管理效能——以上海市徐汇区为例》，《上海城市管理》2016 年第 1 期。
81. 王寅：《微创新现商机》，《中国报道》2013 年第 5 期。
82. 王勇：《基于用户体验的豆瓣网用户活跃驱动因素研究》，硕士学位论文，北京邮电大学，2015 年。
83. 魏礼群主编：《创新社会治理案例选（2014）》，社会科学文献出版社 2015 年版。
84. 伍刚：《企业家创新精神与企业成长》，博士学位论文，华中科技大学，2012 年。
85. 吴芳芳：《小米手机品牌营销文化的探讨》，《价格月刊》2015 年第 4 期。
86. 吴秀荣、苗贵安、夏青青、田军、孙翱翔：《“微创新”打造社会治理“升级版”》，《淮安日报》2014 年 8 月 12 日第 B02 版。
87. 习近平：《习近平谈治国理政》，外文出版社 2014 年版。
88. 夏洪胜、张世贤：《创业与企业家精神》，经济管理出版社 2014 年版。
89. 晓娟、海苑、秋霖、盛华、智跃：《一年来我市逾九成“微改革、微创新”项目已完成　年内将再推 70 项微改革》，《梅州日报》2015 年 6 月 10 日第 001 版。
90. 徐德力：《互联网领域商业模式颠覆性创新分析》，《商业研究》2013 年第 3 期。
91. 徐德力：《基于客户体验的企业微创新机制及策略探析》，《常州工学院学报》2013 年第 6 期。
92. 许骏：《科技企业自主创新能力提升机理及途径研究》，博士学位论文，吉林大学，2010 年。
93. 徐梦军：《小米手机的“粉丝营销”策略研究》，《科技创业》2015 年第 6 期。
94. 徐世伟：《草根企业的虚拟经营与信息化建设——“美特斯邦威”和“谭木匠”发展的共性分析》，《经营管理》2007 年第 12 期。
95. 徐天舒、李东：《当今商业模式创新频繁发生原因探析》，《现代经济探讨》2012 年第 9 期。
96. 叶庆丰：《创新社会管理方式的基本思路》，《中共中央党校学报》2011 年第 6 期。
97. 阳盛益、周超玥：《基于网格化的城乡一体化社会治理平台创新与应用》，《中共浙江省委党校学报》2015 年第 6 期。
98. 杨钊：《“微创新”推动政府行政改革的策略机制研究》，《经济体制改革》2014 年第 5 期。

99. 杨钊：《行政改革“微创新”的机理与路径优化》，《重庆社会科学》2014 年第 2 期。

100. 杨志强：《开放式创新模式研究》，博士学位论文，南开大学，2009 年。

101. 尹庆双、唐兴霖：《走向社会治理的公共管理》，社会科学文献出版社 2014 年版。

102. 殷泽、金错刀：《中小企业更适合微创新》，《企业观察家》2011 年第 12 期。

103. 俞可平：《推进国家治理与社会治理现代化》，当代中国出版社 2014 年版。

104. ［美］约瑟夫·熊彼特：《经济发展理论》，郭武军、吕阳译，华夏出版社 2015 年版。

105. 曾叔云：《创新之道——中外企业创新经典案例教程》，企业管理出版社 2010 年版。

106. 张伯峰：《微创新的 10 个源头主线》，《销售与市场》（渠道版）2013 年第 4 期。

107. 张楚怡：《Web 2.0 时代豆瓣网文化研究》，硕士学位论文，陕西师范大学，2014 年。

108. 张鸿：《何谓真正的微创新》，《商界（评论）》2012 年第 10 期。

109. 张柯、傅江平、曾祥林：《市行政服务中心启动“微改革微创新”——50 个窗口，59 项便民服务》，《梅州日报》2014 年 3 月 12 日第 001 版。

110. 张林东：《一颗长势良好的豆瓣》，《上海信息化》2007 年第 5 期。

111. 张尉心、张建国、陈晓光、弓菡：《龙城实施微创新全方位便民》，《深圳特区报》2015 年 6 月 23 日第 A11 版。

112. 张晓霞：《众包与外包商业模式比较及其启示》，《商业时代》2010 年第 16 期。

113. 赵付春：《企业微创新特性和能力提升策略研究》，《科学学研究》2012 年第 10 期。

114. 赵文明、黄成儒：《百年管理思想精要》，中华工商联合出版社 2003 年版。

115. 赵晓文：《确保食品安全　建立追溯体系——记郑州三全食品股份有限公司的风险控制体系》，《食品科技》2011 年第 6 期。

116. 赵艳丰：《“谭木匠”——体验营销的先行者》，《中外企业文化》2008 年第 11 期。

117. 郑向鹏、王敏：《龙华新区着力提升改革“含金量”　今年推出一批“微改革微创新”，让群众享有更多改革获得感》，《深圳特区报》2015 年 4 月 15 日第 A01 版。

118. 周鸿祎：《欢迎来到微创新时代》，《中外管理》2010 年第 11 期。

119. 周鸿祎：《小公司的微创新之道》，《商务周刊》2011 年第 1 期。

120. 周红云：《社会管理创新》，中央编译出版社 2013 年版。

121. 周俊、郁建兴：《社会治理的体制框架与创新路径》，《浙江社会科学》2015 年第 9 期。

122. 周青、吴云、方刚：《企业微创新的概念、特征与原则》，《科技和产业》2013 年第 11 期。

123. 周三多、陈传明、鲁明泓：《管理学：原理与方法》，复旦大学出版社 2011 年版。

124. 周永亮：《海底捞的“变态服务”》，《现代企业文化》2013 年第 1 期。

125. 邹宗根：《“微创新”：行政改革的路径探索》，《云南社会科学》2013 年第 3 期。

126. Chesbrough, H., Vanhaverbeke, W. and West, J., eds., *Open Innovation: Researching a New Paradigm*, Oxford University Press, 2006.

127. Christensen, C. M., *The Innovator's Dilemma: When New Technologies Cause Great Firms to Fail*, Harvard Business School Press, 1997.

128. Chesbrough, H. , *Open Innovation: The New Imperative for Creating and Profiting from Technology*, Harvard Business School Press, 2003.

129. Pertti Saariluoma, Esa Kannisto, Tuomo Kujal, "Analysing Micro – Innovation Processes: Universities and Enterprises Collaboration", *Communications of the IBIMA*, 2009 (9).

130. Rebekah Rousi, Jaana Leikas, Pertti Saariluoma, Mari Ylikauppila, "Life – Based Design as an Inclusive Tool for Managing Micro-innovations//The Proceedings of GI – Edition Lecture Notes in Informatics", 6th Conference on Professional Knowledge Management from Knowledge to Action, Innsbruck, Austria, 2011.

131. Von Hippel, E. , *Democratizing Innovation*, MIT Press, 2005.

132. Von Hippel, E. , *The Sources of Innovation*, Oxford University Press, 1994.

后　记

微创新并不是现在才有的，从某种意义上说，微创新贯穿人类发展的历史。只不过在日新月异的今天，因为人们对多元化、深层次体验的需求，使得它日益得到重视。又因为互联网已成为我们生活中最重要的组成部分，所以微创新最先在互联网企业发酵。我们甚至可以说，互联网企业发展史实质上就是微创新的竞争史。以互联网为代表的众多企业，从了解消费者的内在需求入手，洞悉消费者的欲望，不断地改进着产品和服务，使得自己在市场竞争中成为佼佼者。微创新促进了企业发展，改进了社会治理，为我们的生活带来了美好的体验。

本书的完成首先衷心感谢华北水利水电大学的刘雪梅教授、王延荣教授、饶明奇教授、何楠教授、宋冬凌教授、朱雪芹教授，以及福州大学管理学院的叶先宝教授，本书的一些观点受益于他们的启发，他们的许多真知灼见使我们受益良多。

本书引用了较多的企业微创新案例，如三全食品、小米科技、豆瓣网，以及海尔、奇虎 360、腾讯、苹果、凡客、谭木匠、小熊电器、海底捞等，还有北京市东城区等社会治理微创新案例。这些案例来自期刊论文、书籍、网络、报纸等文献资源，我们基本上都加了注释，注明了出处。非常感谢这些企业和政府部门的管理者所做出的创新，以及他们将创新的经验和启示与我们分享，还要感谢将这些案例进行整理推广的学者。也有个别案例没有加注释，是因为这些案例大家共知，而且本书在文字上做了加工，如果个别内容与某些文献有所重复，敬请理解。本书还参考了众多学者的研究成果，虽然我们列举了参考的文献资料，但可能还有遗漏。在此向本书借鉴的专家学者表示诚挚的感谢。

本书得到了河南省社会科学普及规划项目“微创新的魅力”、河南省教育厅人文社会科学规划项目“社会治理微创新路径研究”的支持，特别是得到了华北水利水电大学教学名师培养计划的经费资助，谨致以深深的谢意。本书得到了郑州市中原区桐柏路街道办事处的领导和工作人员的热忱帮助，还得到了华北水利水电大学法学与公共管理学院的史小艳老师、上海交通大学国际与公共事务学院的张宗贺博士等项目组成员，以及中原区民政局的魏瑞、我的妹夫王永涛等人的各种协助，在此向他们表示真诚感谢。

特别感谢中国社会科学出版社为本书出版提供帮助和付出辛苦的所有工作人员，正是他们专业、高效的工作，才使得本书顺利出版。

本书是我和妻子李玉洁（华北水利水电大学图书馆教师，工商管理硕士）一起努力的结果，其中第一章至第五章由我俩共同完成，第六章至第八章和其他内容由我独自完成。我和妻子的工作得到了女儿广宇的理解和协助，向她表示深深的感谢。

因为水平有限，本书的错误和瑕疵在所难免，恳请各位学者与读者批评指正。

最后，以我的一首拙诗《登高中原第一楼》作为本书的结尾。2015年国庆节期间，位于郑州市郑东新区CBD中央位置，被当地称为“大玉米”的中原第一高楼“千禧广场”280米高的观光层[①]向游客开放。我携妻女登临此处，俯瞰郑州，有感而发。

国庆佳节万里晴，有幸登临千禧顶。

俯瞰省会大郑州，东南西北尽入胸。

东恋新城蓬勃景，南醉福塔祥瑞中，

---

① 在“千禧广场”观光层，东望是呈现勃勃生机的郑东新区，向南几公里外是高达388米的河南广播电视塔“中原福塔”，西望是高楼鳞次栉比的郑州老城区，向北几公里外则是正在开发建设的“龙湖”区域，“龙湖”建成后的水域面积将接近6平方公里。

西赞群楼携手立，北慨蛟龙欲跃腾。

极目远眺中原地，多少英雄曾问鼎，

而今诸君逢盛世，众志共筑中国梦！

中国人讲究“从大处着眼，从小处入手”。我们写“微创新”是想让“微”理念深入我们的生活，我们做事的时候要着眼长远，从细节处、微小处入手，莫忽略细微之处，莫以善小而不为，从细微之处为他人创造幸福，从细微之处让自己感知幸福。我们的一点点努力、一点点改变，也许如同蝴蝶轻扇了一下翅膀，但相信我们的努力能够实现我们自己的梦想，也能够为中国梦贡献力量。

刘华涛

2016 年 4 月于华水乐贤园